Loué et adoré soit à jamais le Très-Saint Sacrement.

LA RÉVÉRENDE

ET BIEN-AIMÉE

MÈRE SAINTE-MARIE

DÉCÉDÉE

DANS NOTRE MONASTÈRE

LE 30 MARS 1883

Elle a passé en faisant le bien

LIBRAIRIE HENRI BRIQUET, ÉDITEUR,

A SAINT-DIZIER (HAUTE-MARNE)

M DCCC LXXXV

Loué et adoré soit à jamais le Très-Saint Sacrement.

LA RÉVÉRENDE

ET BIEN-AIMÉE

MÈRE SAINTE-MARIE

DÉCÉDÉE

DANS NOTRE MONASTÈRE

LE 30 MARS 1883

Elle a passé en faisant le bien.

LA RÉVÉRENDE & BIEN-AIMÉE

MÈRE SAINTE-MARIE

A nos Révérendes-Mères,

A nos chères anciennes Elèves,

Enfin, voici ces lignes que vous avez souvent réclamées dans vos bienveillantes lettres! Si nous ne vous les avons pas fait parvenir plus tôt, c'est que le cœur que l'obéissance appelait à les tracer était trop brisé de la perte de celle qu'il aimait à double titre, qu'en religion, il avait saluée du doux nom de mère et de tante.. C'est que, non loin de la couche funèbre, une autre malade bien aimée, ma mère, était sur le point d'aller rejoindre sa sœur, à la vie de laquelle la sienne avait été si étroitement liée; et que, toutes deux furent ravies à notre filiale tendresse dans un si court intervalle.

Accablée par de si rudes coups, il nous fallait quelque temps pour reprendre courage et répondre à vos désirs.

Croyez-vous que nous puissions oublier cette douce, aimable et gracieuse figure, dont le souvenir voile à chaque instant nos yeux de larmes?... O ma tante bien-aimée, j'avais refusé de peindre vos traits; mais l'obéissance m'a dit : « Ecrivez » et je me soumets.

C'est sans crainte que j'emploierais les couleurs les plus douces, les contours les plus fins et les plus délicats, je ne serais point contredite. On savait mon affection, on connaît mes regrets; on a compris que votre mort a creusé dans mon âme un sillon d'amertume et de douleur, et la tâche m'est laissée...

C'est qu'ici, chacune vous aimait; c'est qu'à votre place laissée vide, plus d'un regard s'arrête et vous rappelle; c'est que partout l'on retrouve une trace de ce cœur qui battait à l'unisson de tous, et qui savait aimer, soutenir, encourager.

Et pourtant, j'avais brisé ma plume sur ces deux pierres funéraires qui, depuis huit ans, recouvrent des cendres chéries; mais, si je me taisais, si, pour vous, il n'y avait pas quelque chose de plus particulier, de plus étendu dans l'expression de notre souvenir, toutes ces mères de famille que vous avez formées au bien, à la pratique du devoir et de la vertu, dispersées aujourd'hui dans le monde, s'élèveraient pour nous reprocher cet injurieux oubli. Et ici, dans le cloître, celles que vous avez conduites jusqu'au pied de l'autel pour s'y donner tout à Dieu, ne seraient-elles pas blessées si nous gardions le silence sur quarante années passées à remplir cette tâche, tout à la fois pénible et sublime de l'éducation de la jeunesse !...

Pourquoi ne pouvons-nous ici consulter notre Révérende-Mère Stéphanie, qui la suivit de son berceau religieux jusqu'au 7 avril 1876 ! Que de parfums d'innocence, de vertus s'exhaleraient de ce récit ! Dieu avait uni ces deux âmes ; la nature ne forme pas de tels liens. La fille avait été nommée l'Ange gardien de la mère.

Aujourd'hui, l'Ange s'en est retournée au ciel, près de celle qu'elle n'avait abandonnée que pour la remettre entre les bras de Dieu.

I.

Oui, elle nous a quittées pour un monde meilleur, cette mère tant aimée ! Nous la cherchons encore, nous la chercherons toujours. Son doux visage nous manque, et si la foi, avec ses immortelles espérances, n'éclairait notre âme de son divin flambeau, notre douleur de sa perte serait sans remède .

Et pourquoi !... C'est qu'elle était bonne, mais

si bonne que tous ceux qui la connurent ne sauraient l'oublier !.. Bonne pour tous, bonne avec tous, surtout avec l'affligé, le faible, le petit ..

Lorsqu'un vide immense s'est fait dans une famille, qu'une mère s'est endormie de son dernier sommeil, les enfants effrayés au milieu de leurs larmes, cherchent autour d'eux, parmi les aînés, s'ils ne retrouveront pas le regard maternel, la parole qui console, la main qui caresse, ce cœur enfin, dont ils ont tant besoin, dans lequel ils espèrent retrouver quelque chose de celui qui a cessé de battre : tel avait été le sentiment de nos âmes lorsque notre bien-aimée Mère Stéphanie nous fut enlevée. A travers nos larmes, dans toute l'amertume de notre chagrin, nous nous serrions près de notre Mère Sainte-Marie ; près d'elle, nous nous sentions moins orphelines. N'avait-elle pas vécu tout près de celle que nous pleurions ? n'était-elle pas sa fille ? n'avait-elle pas eu toute sa confiance ? La vénérée défunte ne l'avait-elle pas associée à toutes ses entreprises, à toutes ses fondations ? en un mot, ne fut-elle pas son auxiliaire dans les labeurs de sa longue priorité ?

Et puis, c'était la nièce de notre si vénérée et regrettée Mère Saint-Victor, dont elle avait la mâle énergie Comment ne nous eût-elle pas été chère ?

Ne vous étonnez pas si, dans ces pages, écrites à sa mémoire, vous retrouvez un autre nom, une autre image bien chère, celle de sa sœur aînée , Madame Elisa Mersey .. Leurs existences furent trop liées l'une à l'autre pour qu'on puisse les séparer ..

O vous qui les avez connues, vous le comprendrez facilement ; vous qu'elles élevèrent, qui grandîtes sous leurs yeux, entourées de leurs soins et de leur amour ; vous qui peut-être aujourd'hui, rappelant ces années écoulées près d'elles, versez silencieusement une larme, vous aimerez à revoir ensemble celles que vous confondiez dans votre affection, que vous unissez dans votre pieux et reconnaissant souvenir.

II.

Notre chère Mère Sainte-Marie reçut au baptême le nom d'Alix, mais dans la famille elle porta celui d'Adeline Son enfance n'offre rien de saillant : elle était sans malice et sans fiel, candide comme on l'est à cet âge de la vie. Un jour de Vendredi-Saint, il lui arriva de ne pas dire exactement la vérité ; sur le reproche que lui en fit sa pieuse mère, elle répondit naïvement : « Oh ! maman, je croyais que le bon Dieu n'entendait pas puisqu'il est mort ! »

Toutefois, comme elle était d'une complexion frêle et délicate, d'une nature aimante et sensible, elle avait une extrême tendance à la colère ; un rien suffisait pour l'exciter. Ce ne fut donc que par un travail constant de chaque jour sur elle-même, qu'elle put arriver dans la suite à cette douce cordialité, à cette courtoise bienveillance dans ses procédés envers tous, qui la rendaient d'un abord si facile ; à cet esprit de conciliation surtout, qui lui gagnait si bien tous les cœurs, que, tout opposé qu'on pût être à ses manières de voir, à ses projets, à ses désirs, elle y ramenait tout naturellement. Aimable influence, qui jamais ne cherchait à dominer, mais à prévenir du bien à faire, à rendre heureux autour d'elle !...

C'était une très jolie enfant, ce qui lui valut souvent des taquineries de la part de ses amies, un peu jalouses, et peut-être, moins douées de ces grâces naturelles qui plaisent et attirent. Mais elle ne devinait pas la cause de leurs attaques ; elle venait raconter ses petits chagrins à sa sœur aînée qui l'aimait tendrement et savait toujours la consoler, tout en la laissant dans sa naïve ignorance. Elle n'avait que huit ans lorsqu'elle perdit sa mère, femme vraiment chrétienne, d'une piété profonde. Trop jeune encore pour apprécier une si grande perte, elle retrouva dans le cœur de sa sœur aînée la tendresse et les soins maternels.

C'est dans notre monastère qu'elle fit sa première communion, qui dut lui laisser de doux et pieux souvenirs, car elle avait encore à sa mort, dans son bréviaire, l'image donnée comme mémorial de ce grand jour. Mais là ne lui fut point encore dite cette parole qui devait la fixer dans la maison de Dieu.

Elle revint passer plusieurs années sous le toit paternel, et le monde, peut-être aurait cueilli cette fleur si délicate et si pure, si Dieu, qui la réservait pour lui, n'eût fait souffler autour d'elle le vent du malheur.

Et cependant, qu'elle était belle à vingt ans, sous une parure de bal ! Je vois encore ma mère disposer dans sa chevelure soyeuse une rose qui ne l'égalait pas en fraîcheur. Et pourquoi ne le dirions-nous pas? Ce qui fait les saints n'est pas d'être dépourvus de ces avantages que le monde apprécie, mais de savoir en faire généreusement le sacrifice au Seigneur, et c'est ce qu'elle fit lorsque Dieu lui montra clairement qu'il la voulait à lui. Plus tard, dans le cours de sa vie religieuse, ses nièces lui rappelaient malicieusement ces joies de la jeunesse; elle retrouvait sa vivacité d'enfant pour leur dire en faisant une charmante moue : « Taisez-vous, s'il vous plaît, est-ce qu'il faut raconter de semblables choses? » Mais il faut ajouter qu'elles ne lui en parlaient que si la bonne tante essayait une morale de circonstance ou un petit sermon.

Et puis, Dieu n'a-t-il pas ses vues dans tout ce qui arrive et ce qu'il permet? Notre chère Mère Sainte-Marie était destinée à s'occuper exclusivement, pendant quarante années consécutives, de l'éducation des enfants. Elle devait passer sa vie au milieu des jeunes filles qui nous sont confiées, pour en faire non-seulement des personnes instruites et capables, mais bien plus encore, et surtout, pour les rendre ferventes chrétiennes, filles solidement vertueuses, et préparer à la famille des femmes fortes et courageuses qui ne sacrifient pas leur devoir au plaisir.

Et bien que pour prémunir les autres d'un danger, il ne soit pas nécessaire de s'y exposer soi-même, peut-être fallait-il qu'elle connût par expérience quelque chose de ces jouissances vaines et frivoles pour leur en découvrir le néant et leur faire éviter les écueils cachés dans l'amour du luxe et de la parure.

Hâtons-nous d'ajouter que son âme droite ne fut point souillée au contact du monde ; qu'elle prit part à ses fêtes avec la candeur de ses jours d'enfance ; souvent même elle s'y rendait en récitant son chapelet.

III.

L'avenir, qui d'abord, s'était paré pour elle et pour les siens des plus belles espérances, s'assombrit ; le malheur les frappa La jeune fille, avec sa sœur aînée, veuve à vingt-six-ans. vint passer quelque temps près de notre bonne Mère Saint-Victor, alors supérieure de notre monastère, et trouver près d'elle un soulagement à leur commune douleur. C'est sous cette direction éclairée que Dieu lui fit comprendre qu'il voulait désormais son cœur tout entier.

Elle le lui donna ; et malgré l'immense douleur d'un frère qu'elle aimait tendrement, de sa sœur aînée dont la vie tenait pour ainsi dire à la sienne, elle entra au noviciat dirigé par notre vénérée Mère Stéphanie. C'en était fait, le Seigneur allait, par la voix de cette sage maîtresse, se gagner pour toujours une épouse tendre et fidèle.

Le 8 février 1839, fête du Saint-Cœur de Marie, un vendredi, elle échangeait les livrées du monde contre l'humble habit de la bénédictine, et, sous le voile blanc des novices, elle cachait son aimable et doux visage. Ce n'était pas encore la coutume de donner à cette cérémonie l'appareil qu'elle prend aujourd'hui ; mais les Anges eurent leur spectacle particulier ; ils en rendirent compte au Seigneur, et lui présentèrent, dans des urnes d'or, les larmes et les joies du sacrifice. On lui donna le nom de la Mère de Dieu ; elle s'appela Sœur Sainte-Marie ; nous dirons plus tard si ce nom lui était cher ! Elle eut pour compagne de son bonheur une bonne Sœur converse qui fut nommée Sœur Sainte-Marthe ; ces noms étaient bien choisis, et la bonne Sœur converse devait suivre partout sa sœur jumelle dans la religion. Nos anciennes élèves aimeront, j'en suis sûre, à trouver ce nom dans ces pages.

Notre Mère Stéphanie donna à cette âme la direction de la sienne propre ; elle la menait à Dieu, à Dieu qu'elle lui faisait voir en tout. Que se passait-il entre elles dans ces intimes communications qui rendirent la novice si apte à diriger la jeunesse qui lui fut confiée ?

Dieu, quand il lui plaît, verse sur certaines âmes des trésors de bonté et d'amour ; il les doue de facultés heureuses pour qu'elles les fassent servir au bien d'autres âmes dont il veut le salut.

C'est ainsi que notre chère Mère Sainte-Marie, après quelques mois de noviciat, put être nommée par notre Mère Stéphanie pour la remplacer dans la charge de première Maîtresse du pensionnat, lorsque, élue Supérieure, elle dut renoncer à cet emploi qu'elle remplissait si dignement.

Le pensionnat comptait alors comme maîtresses, des mères anciennes respectables autant par leur mérite que par leur âge. Elles donnèrent un rare exemple de vertu qui prouvait le profond esprit religieux dont elles étaient remplies. On les vit se soumettre à la jeune Maîtresse avec une humilité charmante, qui rappelait les premiers siècles de la vie monastique.

Combien notre bonne Mère Sainte-Marie leur en sut gré ! qu'elle était bonne, aimable, douce envers toutes ! Sa tâche lui fut rendue plus facile par les soins et les conseils de sa sœur aînée, devenue son auxiliaire ; que la mort de leur mère avait obligée, dès sa seizième année, de s'occuper des soins d'une maison, dont la raison était mûrie par la douleur. Mère de trois enfants, deux l'avaient suivie dans le cloître ; elle avait ce génie maternel qui inspire si bien : il a des secrets à lui..., elle les révélait à propos à sa jeune sœur, heureuse de l'aider à faire le bien. Dès lors, elles se vouèrent ensemble à cette mission sublime de l'éducation et de l'instruction de la jeunesse, et bientôt le Pensionnat prit un développement qu'il n'avait pas eu depuis que nos Mères avaient quitté la maison de Toul.

Oh ! ma Mère bien-aimée, je laisse aux Anges de Dieu le soin de dire ce que vous mîtes de votre part dans ces longues années de travaux et de peines .. Ce n'est point à moi à le révéler, le Seigneur a tout vu. Il est, je l'espère, votre magnifique récompense. . Priez pour nous . .

Pendant cette première année qui s'appelle l'année de probation, année d'épreuves, la jeune novice tomba gravement malade. Sans doute, il importait à Satan de troubler l'œuvre de Dieu ; mais bientôt rétablie, il s'agit de l'admettre à la profession. La Communauté l'aimait et l'estimait, et ce n'est pas dire peu de chose, car, à cette époque, il y avait de bien dignes et saintes religieuses, modèles de régularité, de ferveur, dont le souvenir, les traits austères et bienveillants tout à la fois, sont restés gravés dans notre mémoire ; des religieuses d'une foi profonde, rigoureuses observatrices de la Règle, dont l'aspect seul parlait de Dieu, et faisait naître incontinent le désir et la pensée d'être à Lui. Eh bien ! celles qui ont survécu, que la mort ne nous a point encore enlevées, qu'elle nous laisse pour modèles, nous ont dit qu'elle fut admise à l'unanimité, que sa frêle santé fut la seule difficulté qu'on eût à opposer à sa réception ; mais qu'elle rachetait par l'aménité de son caractère et la courageuse énergie de sa volonté ce que sa complexion délicate lui refusait de forces corporelles.

Oh ! qu'elle paraît longue, cette année de probation, à la Vierge du Seigneur ! Il lui tarde que ce divin Epoux lui mette au doigt l'anneau qui scellera le sacré contrat... Déjà, dans un saint ravissement, elle murmure à son Bien-Aimé ces paroles que, tant de fois, aux jours de sa cécité, notre vénérée Mère Saint-Victor répétait dans l'effusion de son cœur :

Je ne veux rien et je veux tout chose ;
Jésus m'est tout !... Sans Lui tout ne m'est rien ;
Oui, j'aurai tout, n'ayant aucune chose,
Si, perdant tout, j'ai cet unique bien.

Et pourtant, la maladie survenue prolongea l'épreuve de quelques mois. Puis vint enfin ce jour béni, ce moment désiré où la novice ose formuler sa demande d'être admise à la profession Que le cœur bat fort en ce moment !... Après de longues années passées dans la vie religieuse, on ne peut entendre de jeunes sujets renouveler cette demande sans que les larmes montent du cœur aux yeux, sans que l'on éprouve un sentiment à l'unisson de celle qui fait cette humble supplique.

Il apparut enfin pour notre chère Mère Sainte-Marie, ce jour appelé de tous ses vœux, et comme pour sa prise de voile, elle obtint les suffrages de la Communauté qui l'appréciait toujours davantage.

Ce fut le 29 septembre 1840, qu'en présence de la Communauté, notre bien-aimée Mère Stéphanie recevait la jeune novice au nombre de ses filles. C'était la première fleur du virginal parterre que Dieu venait de confier à ses soins, autour de laquelle tant d'autres viendraient s'épanouir pendant trente-s x ans !... Elle devenait donc sa fille aînée.

De quelles douces émotions la jeune Mère Prieure n'était-elle pas saisie en lui adressant ce qu'on nomme le discours de réception ; discours dont chaque mot fait vibrer les cordes les plus sensibles de l'âme, qu'on n'oublie plus, qui soutient dans les heures de défaillance et d'obscurité... Ne sont-ce pas ces heures qui forment les perles les plus précieuses de la couronne des Saints ? Depuis le Fiat, prononcé au jardin de Gethsémani par le Fils de Dieu, qui doit passer par ces heures d'agonie, sinon les plus chers amis de la croix de Jésus !

Voici quelque chose de ce discours conservé depuis quarante-cinq ans, relu, médité bien souvent dans les heures de la prière. Il s'adressait aussi à la bonne Sœur Marthe :

« Mes chères Filles,

» Le Seigneur vient d'exaucer vos vœux en dis-
» posant favorablement la Communauté en votre
» faveur, elle vous accorde la grâce inestimable

» d'être reçues à la profession religieuse. Je sais » que depuis longtemps, cette grâce fait l'objet de » vos désirs, aussi je jouis du bonheur de vous l'an- » noncer.

» Oui, mes Sœurs, vous serez à Dieu ; il n'y a » plus d'obstacles du côté du monde, il n'y en aura » pas du vôtre et vous détruirez tout ce qui vous » empêcherait d'y être aussi pleinement, aussi for- » tement que vous le devez. »

Puis après leur avoir donné des avis relatifs à la circonstance, notre vénérée Mère terminait ainsi :

« Prenez pour devise et pour arme spirituelle ces » paroles mémorables par lesquelles l'archange » Saint-Michel terrassa l'ennemi de Dieu et des » hommes. *Quis ut Deus* ! Qui est comme Dieu !

» Qui est comme Dieu ? Qui mérite comme Lui » mon amour, mon dévouement, ma fidélité ! Oh ! » personne, mes chères Filles. Vous avez compris » depuis longtemps qu'il n'est rien dans le Ciel, ni » sur la terre qui soit semblable à Lui. Ne l'oubliez » jamais dans votre retraite, soyez sûres que le » bonheur le plus doux le plus solide, sera dans la » préférence que vous lui donnerez sur toutes » choses ici-bas, en attendant qu'il soit lui-même » dans le Ciel votre immense récompense. »

Ces quelques lignes suffisent à prouver quelle énergique direction était donnée à cette âme pour l'enlever à ce monde qui passe et la tourner vers ses éternelles destinées.

La profession fut fixée au 13 novembre ; jour

bien approprié pour une semblable circonstance ; puisque nous y célébrons la fête des Saints de notre Ordre ; de ces légions de bénédictins et de bénédictines qui se sont sanctifiés par la pratique des mêmes devoirs qui nous sont imposés. Oui, c'était un beau jour pour aller se placer à leur suite, se donner toute à Dieu, entrer généreusement dans la lice pour y livrer les saints et bons combats de la Foi.

C'était à pareil jour que notre vénérée Mère Stéphanie avait prononcé ses vœux ; il devenait doublement cher à la novice.

La veille, une cérémonie bien touchante se passe, en présence de toutes les personnes de la Maison, réunies dans la grande salle de Communauté. C'est ce qu'on appelle la profession de foi. Avant de s'engager dans la vie religieuse d'une manière irrévocable, c'est-à-dire contracter des obligations plus étroites par la pratique, non plus seulement des préceptes évangéliques, mais celle des conseils divins, la novice doit affirmer devant tous qu'elle appartient à la Sainte Eglise catholique, apostolique et romaine, et jurer de la défendre par la sainteté de sa vie, la fermeté, la vigueur de sa foi

Puis on lui propose de faire un choix libre entre les livrées du monde et le pauvre habit de la religion, symbole de la vie de pénitence à laquelle elle se dévoue. Tous deux lui sont présentés, et c'est lorsque ce choix est fait que la Révérende Mère adresse encore à la novice quelques paroles qui lui laissent au cœur un impérissable souvenir.

Voici celles qui furent dites à notre chère Mère Sainte-Marie et à sa compagne. Elles révèlent et les vues profondes de la digne Supérieure sur la vie religieuse et les progrès qu'avait faits cette jeune âme depuis qu'elle était placée sous sa direction, car notre vénérée Mère Stéphanie occupait alors en même temps la charge de Prieure et celle de Mère des novices.

Nous écrivons textuellement :

« Le choix que vous venez de faire, mes chères
» Filles, des habits de la religion, nous prouve la
» constance de votre détermination à renoncer au
» monde pour vous consacrer totalement à Dieu
» par les vœux solennels.

» C'est demain que doit se faire votre sainte et
» irrévocable consécration. C'est demain le jour le
» plus mémorable, le plus précieux de votre vie. Le
» jour par excellence que le Seigneur a fait pour
» exécuter ses grandes pensées et les desseins
» éternels de son amour et de sa miséricorde sur
» vous. Avec quelle estime, quel parfait respect,
» quelle joie sainte ne devez-vous pas envisager ce
» jour, ce moment de votre profession, moment
» depuis si longtemps désiré des Anges et des
» Saints qui doivent être témoins de l'alliance que
» vous allez contracter avec votre Dieu et le leur
» Si vous n'aviez étudié et médité chacune sérieu-
» sement les conséquences des engagements que
» vous formerez, nous croirions devoir vous les
» mettre actuellement sous les yeux, mais il ne

» nous reste plus qu'à vous presser de recueillir » toutes les puissances de votre âme durant les » courts instants que vous avez encore pour vous » disposer à présenter au Seigneur le sacrifice de » tout vous-même avec des dispositions si ferventes, » des intentions si pures et si élevées, surtout une » union si intime avec J. C. se sacrifiant, dans la » Sainte-Eucharistie que votre holocauste puisse » glorifier la divine Majesté et attirer sur vous des » grâces assez abondantes pour assurer à jamais » votre fidélité dans l'accomplissement des devoirs » graves et difficiles qui vont peser sur vous et » dont vous ne pouvez vous acquitter dignement » qu'avec des forces surnaturelles.

» Elles vous seront accordées, mes chères Filles, » nous en avons la douce confiance, par les inter- » cessions des saints et saintes de notre Ordre qui » semblent prendre un intérêt si particulier à votre » consécration, se chargeant pour ainsi dire d'offrir » vos vœux au Seigneur. Conjurez-les de vous ob- » tenir le véritable esprit de notre saint état et » l'amour de notre Sainte Règle Qu'il est enga- » geant et encourageant pour vous de penser que » ce sont ces mêmes règles dont la pratique fidèle » a sanctifié et conduit au souverain bonheur cette » multitude de saints et de saintes que nous fêtons » demain et qui seront vos modèles et vos protec- » teurs. Dites-vous bien qu'il faut absolument que » vous en augmentiez le nombre ; pensez-vous que » vous le pouvez ? — Et pourquoi, mes chères

» Sœurs, ne pourriez-vous pas ce qu'ils ont pu ?
» puisque vous avez en main les mêmes moyens de
» perfection et peut-être beaucoup moins de diffi-
» cultés à surmonter que la plupart d'entre eux.
» Courage donc, mes chères Filles, avancez avec
» fermeté vers l'autel du sacrifice, espérant sans
» hésiter toutes les grâces nécessaires pour com-
» mencer généreusement, fournir constamment et
» terminer saintement la carrière de votre salut.

» Je supplie instamment la très Sainte Vierge de
» bénir votre consécration au service et à l'amour
» de son divin Fils et de la couronner d'une heu-
» reuse persévérance.

» De votre côté, priez mes Sœurs, priez particu-
» lièrement demain pour la Communauté qui vous
» reçoit au nombre de ses membres, demandez que
» l'esprit de charité, de zèle et de ferveur croisse
» chaque jour, que la gloire et les intérêts de Jésus
» au Saint Sacrement animent toutes ses victimes,
» qu'elles ne trouvent de bonheur qu'à se sacrifier
» à son service et à son amour. Priez aussi pour
» cette intéressante jeunesse, confiée à vos soins,
» pour ses parents, amis et bienfaiteurs, pour la
» Sainte Eglise, pour notre malheureuse France
» que le Seigneur la pacifie et lui conserve le trésor
» de la foi. »

La profession, présidée par Mgr Alexis Menjaud, de douce et sainte mémoire, fut des plus solennelles ; les chants furent magnifiques et des larmes coulèrent sur les joues du digne Prélat qui s'écria, lorsque tout fut terminé : « Après le ciel, il n'y a rien de si beau qu'une profession chez les bénédictines du Saint Sacrement ! »

L'holocauste était consommé, le Seigneur comptait deux victimes de plus vouées à sa gloire, au salut des âmes ; je me trompe, il en comptait trois; un autre cœur, celui de sa sœur s'immolait aussi en acceptant un si amer sacrifice. Dieu la préparait à celui que, dix ans plus tard, il lui fallut offrir dans l'aînée de ses filles, notre chère Mère Saint Paul, qui en ce jour solennel était fille d'honneur, et que ma mère avait, pour la circonstance, entièrement habillée de vêtements de deuil.

Oh ! que ce jour béni laissa dans l'âme de la novice de puissants souvenirs ! Chaque année elle en renouvelait la mémoire dans la retraite et la prière. Elle allait près de la mère de son âme retremper ses forces et son courage.

Ensemble elles remerciaient le Seigneur de les avoir choisies pour ses épouses Et lorsqu'en l'année 1876, le 13 novembre fit sentir plus vivement le vide fait par la mort, avec quel religieux respect elle relisait à travers ses larmes ces lignes tracées plus haut, mais, plus grande que sa douleur, elle venait avec dévotion et foi renouveler ses promesses près de notre Révérende Mère actuelle.

C'est à partir de sa profession que notre chère Mère Sainte-Marie et ma mère que sa fraternelle affection et sa maternelle tendresse fixèrent irrévocablement dans le cloître, entrèrent courageusement dans la carrière qu'elles devaient parcourir ensemble pendant quarante-deux ans. Toutes deux, sans trêve, sans relâche, dépensèrent leurs forces, mirent toutes les facultés dont le Seigneur les avait douées au service de la jeunesse ; elles travaillèrent à développer, à faire mûrir tous ces précieux germes que Dieu déposa dans le cœur de l'enfant . Sous le regard du bon Maître, chaque jour notre chère Mère Sainte Marie remplit sa tâche avec le même dévoûment, le même zèle.

Levée dès le grand matin, malgré sa faible complexion, dans toutes les saisons, elle descendait au chœur ; elle allait puiser au pied du Tabernacle la force de remplir sa mission, la lumière nécessaire pour y réussir. Et Celui qui disait aux jours de son pèlerinage : «Laissez venir à moi les petits enfants», qui aimait à les bénir, à les caresser, versait dans son âme des trésors de tendresse, de bonté, de bienveillance. Aussi, trouvait-elle à propos le conseil qui redresse, le mot qui encourage ; son regard suffisait, nous a dit notre Révérende Mère actuelle, qui avait été son élève, pour faire rentrer en soi-même, comprendre la faute commise, mais surtout, il appelait le repentir, tant il était doux et pénétrant !

Son oraison du matin terminée, elle était près des élèves dès six heures et demie pour leur enseigner cet art si utile de l'oraison matinale qui donne du nerf à toutes les actions de la journée. Alors, se faisant toute à toutes, connaissant le fort et le faible de chacune de ces âmes confiées à ses soins, elle savait adroitement attaquer un défaut, corriger un travers, combattre un préjugé, redresser une erreur, mais si maternellement, si délicatement que ce travail moral s'opérait sans blesser celle qui pouvait en être l objet. Toutefois, si la fermeté ou même une sage sévérité devenait nécessaire, elle en usait mais avec cette réserve qui prouve à l'enfant qu'elle est aimée et que c'est parce qu'on l'aime qu'on se résigne à punir. C'est surtout quand on manquait de droiture qu'elle pardonnait difficilement Une faute franchement avouée la trouvait toujours indulgente. Et c'est ainsi qu'elle trouvait le chemin du cœur et se gagnait la confiance.

Elle exigeait de la part des élèves le plus grand respect dans la prière. Qu'il était beau de voir ce cercle de jeunes filles entourer cette bonne Mère, et les mains pieusement jointes, les yeux baissés, réciter la prière du matin ! On prenait une bonne résolution dont on devait lui rendre compte. Avec quelle bonté, le soir venu, elle revisait ces petits calepins renfermant les précieux secrets de cet heureux âge, qui recèlent quelquefois déjà tout l'avenir. Avec quel soin elle cultivait une pieuse disposition naissante ; combien aujourd'hui, soit dans le monde soit dans le cloître l'en bénissent et lui doivent la persévérance dans le bien !

C'était par la Sainte Vierge qu'elle conduisait à Dieu. Son amour pour Marie, ah ! il aura sa page dans ces lignes Elle nous en voudrait du haut du ciel si nous ne rappelions pas à ses enfants la place qu'elle donnait dans son cœur à la Mère de Jésus-Marie, c'était son arme victorieuse dans les difficultés de cet apostolat quotidien, parfois si épineux, quelquefois si ingrat.. Et quand après s'être épuisée en efforts ingénieux pour ramener une enfant dans la voie du bien, elle n'y arrivait pas, c'était à Marie qu'elle avait recours ; elle la lui recommandait ; comment n'eût-elle pas triomphé des natures les plus difficiles ?

Chacune de ses élèves avait sa part de direction, de soins, de tendresse, car chacune était son enfant et la nommait, la nomme encore aujourd'hui sa mère !

Si toutes ces jeunes filles qu'elle a élevées, dirigées, guidées et soutenues, même au milieu du monde, qu'elle a consolées dans le malheur, pouvaient joindre ici un mot, une note, une remarque, quelle riche collection de souvenirs nous aurions, qui nous rappelleraient sa prudence, la sagesse de ses conseils, l'élévation de son âme, la sympathie, les généreux sentiments de son cœur si sensible et si bon !.. Nous en avons eu la preuve lorsqu'au jour de notre immense douleur nous arrivèrent de tous les points même les plus éloignés de la France, de l'Allemagne, plus loin encore, des témoignages sincères du plus profond regret : il s'y mêlait l'éloge senti des vertus et du caractère de cette mère tant aimée.

Mais, sans aller au dehors, que d'âmes ici la cherchent et la pleurent ! Combien dont elle a soutenu la vocation sans l'inspirer ; c'est l'œuvre de Dieu seul !... Je puis en nommer quelques-unes, leurs cœurs reconnaissants ne m'en voudront pas : et d'abord, notre chère Révérende Mère actuelle qui, devenue supérieure, entoura celle qui l'avait élevée des témoignages de son affection, surtout dans les souffrances et les douleurs de sa dernière maladie. Que cette bonne et Révérende Mère trouve ici l'expression et l'hommage de notre gratitude pour les soins qui furent prodigués à la chère malade.

C'est notre regrettée Mère Stanislas dont nous dûmes faire le sacrifice à la prière de nos dignes Mères de Bayeux, qui désiraient un sujet capable de les aider à rendre à leur monastère la pratique exacte de nos saintes observances dans leur primitive ferveur. Elle réalisa les espérances de ces pieuses Mères par l'intelligent et entier dévoûment qu'elle mit à remplir cette sainte tâche. Mais, son berceau religieux lui resta cher, elle gardait une affection toute tendre, mêlée d'une estime profonde pour notre chère Mère Sainte-Marie, et les lui témoigna jusqu'à ce que le Seigneur les rappela près de lui presque en même temps.

C'est encore notre chère Mère Saint-Paul, sa nièce, qui la remplace au pensionnat et s'inspire du souvenir de ses vertus.

Notre Mère Saint-Joseph, maîtresse des novices,

qui lui garde un filial souvenir ; quelques-unes dont la mort n'a pas respecté la jeunesse, et pour lesquelles elle fut si bonne ! Six autres qui sont l'espoir de notre Communauté, et dont plusieurs ont voulu qu'elle les accompagnât à l'autel le jour de leur prise d'habit et de leur profession, même dans l'année qui précéda sa mort. Elles la voulaient pour répondre à Jésus de leur fidélité dont elle avait été la gardienne.

Qu'elle eût été heureuse le 28 octobre dernier ; ce jour qui fut si solennel pour notre maison ! De quel doux regard elle eût suivi l'une de ses dernières enfants, qui avait déposé dans son cœur de mère le premier mot de sa vocation pour qu'elle le répétât de sa part à Jésus et à Marie, et qui, en ce jour, venait se consacrer pour toujours au Dieu du Tabernacle ! Combien la parole ardente de notre éminent Evêque Mgr Turinaz, eût rajeuni son cœur d'apôtre !...

Et quelle intime satisfaction ne goûterait-elle pas aujourd'hui, si elle voyait dans les rangs des novices, encore une de ses enfants, qui, nous l'espérons, elle aussi, ira bientôt au pied de l'autel donner à Dieu, avec le sacrifice de tout ce qu'elle pouvait attendre de joies ici-bas, son cœur, tout son être en holocauste... elle n'oubliera pas celle qui veilla sur sa pieuse jeunesse...

Mais elle voit tout cela d'en haut, elle prie pour toutes ses chères élèves ; sur la terre, elle les a tant aimées ! .. au Ciel, on aime mieux encore ..

C'était surtout lorsqu'il s'agissait de préparer les enfants à la Première Communion qu'elle redoublait d'attention et de soin pour les disposer à cet acte, le plus important de la vie, qui laisse dans le cœur de l'adolescent une trace ineffaçable, un souvenir que les années n'emportent point, qui fait verser encore une larme de bonheur au déclin de la vie.

Notre chère Mère Sainte-Marie voulait que ce grand jour devînt pour ses élèves un but d'efforts généreux sur leur caractère, un stimulant pour grandir leur vertu, en un mot, qu'il amenât une transformation ou du moins une amélioration sensible dans leur conduite. L'année qui précédait, elle leur faisait elle-même une instruction particulière, les réunissait à certaines heures pour les exciter au bien par ses maternelles exhortations qui trouvaient toujours le chemin du cœur et y arrivaient sûrement. Et lorsque le grand jour approchait, comme ces jeunes âmes venaient s'ouvrir à elle avec confiance, verser dans la sienne leurs plus lourds secrets. Et la veille, on les voyait tout émues au sortir du confessional, les yeux rougis par les larmes du repentir, venir se réfugier tout près d'elle pour qu'elle gardât leurs cœurs bien blancs et bien purs. Elle-même alors les regardait aussi à travers ses larmes, larmes éloquentes qui leur en disaient bien plus que le discours le plus touchant. Et quand toutes étaient absoutes, elles allaient à genoux lui demander un pardon qui leur était accordé depuis longtemps, elle les bénissait, et les heureuses enfants attendaient dans une douce paix les joies du lendemain.

Dès le matin de ce jour béni, elle et ma mère les entouraient de leurs soins, elle-même les revêtaient de ces blancs vêtements, symbôle de leur innocence. Pour chacune, notre chère Mère Sainte-Marie trouvait un mot à dire pour les préparer encore au moment solennel ; à chacune, elle offrait un souvenir.

Par ses soins, la chapelle et le chœur étaient ornés comme aux grandes solennités. Et comme elle les suivait du cœur et du regard, lorsque, au chant du « *Lauda Jérusalem* » elles entraient au chœur en procession, suivies des religieuses et de leurs compagnes !...

Elle les surveillait jusqu'au moment suprême où Jésus était déposé sur leurs lèvres. Alors on la voyait les considérer avec une tendresse de mère, de douces larmes voilaient son regard ; elle priait avec elles lorsque, revenant de la Table Sainte avec la modestie des Anges, ces chères enfants s'abîmaient dans un recueillement au-dessus de leur âge, qui prouvait qu'elles étaient attentives au mystère d'amour qui s'opérait en elles.

Et lorsqu'était passée cette heure de bonheur, le seul sans mélange ici-bas, elle les conduisait dans les bras de leurs mères pour y recevoir ce baiser qui compte aussi dans les joies humaines comme la plus pure et la plus douce. L'orpheline, en ce jour, retrouvait près d'elle, autant que cela est possible, les caresses de celle qui n'était plus...

Elle voulait que ce jour-là tout fût bonheur ; et comme au sein de la famille, une table ornée de fleurs était réservée aux premières Communiantes ; on les servait les premières ; on accédait à tous leurs petits désirs : ils sont si saints, si raisonnables ce jour-là !...

Il fallait que sa voix maternelle, inspirée par sa piété, fût bien religieusement éloquente pour laisser au cœur de si puissants souvenirs, que, chaque année, à l'anniversaire du jour mémorial, elle recevait des lettres où se révélait le sentiment profond de bonheur et de foi que le temps n'avait point altéré.

Elle les lisait avec le plus touchant intérêt, elle y répondait pour maintenir le bien déjà fait et le faire grandir. Nous l'entendîmes exprimer ses plus amers regrets lorsque sa faiblesse ne le lui permît plus.

O vous, qui, de si loin, veniez si fidèlement le 17 mai lui parler des douceurs goûtées au divin Banquet, et qui depuis qu'elle est couchée dans la tombe, venez encore nous redire vos regrets d'avoir perdu cette amie de votre âme, soyez sûre qu'elle pense à vous, priez pour elle !. .

Non-seulement notre Mère Sainte-Marie formait les âmes à la piété, mais elle s'occupait de tout ce qui pouvait contribuer chez les enfants, au développement de leurs facultés intellectuelles, à leurs progrès dans la science ; elle entrait dans les plus menus détails, savait choisir les maîtresses les plus aptes à telle ou telle branche de l'enseignement, les pourvoyait avec bonté des livres qui pouvaient accélérer les progrès et rendre le succès des examens plus certain.

Elle apportait un zèle toujours nouveau à stimuler l'application des élèves par quelques moyens d'émulation, et si, pour cela, il y avait des frais à faire, elle ne reculait pas, facilitant ainsi la tâche des maîtresses dont elle encourageait le travail de tout son pouvoir, dont elle faisait respecter l'autorité, avec lesquelles elle était d'une si aimable et si charmante cordialité, que son sourire seul dédommageait de la besogne la plus pénible Et lorsque venaient les concours semestriels, elle allait d'une classe à l'autre, réveillait les caractères apathiques, tantôt par le sentiment de l'honneur, tantôt par l'espoir d'un prix à déposer sur les genoux d'une mère.

Vous qui lirez ces lignes, et qui avez passé près d'elle ce que, j'en suis sûre, vous appelez les plus belles années de votre vie, vous souvient-il de ces heures d'étude sérieuse, où vous l'entouriez dans un profond silence, et, pendant lesquelles, de temps à autre, quittant la page de grammaire ou d'histoire, votre regard allait chercher le sien, et ne retournait sur le livre que plus assidu et plus disposé à profiter de ce temps si précieux qui s'écoule si vite au Pensionnat !

Vous souvient-il de ces petites soirées improvisées, où, pour vous former au bon ton, aux convenances, elle vous partageait en familles dont les unes venaient visiter les autres, et où l'on riait de si bon cœur ; on s'offrait des rafraîchissements qu'elle avait préparés ?

Vous souvient-il de ces joyeuses parties de bois que vous faisiez sous la conduite de ma mère à laquelle elle vous confiait avec tant de sécurité et de bonheur, après avoir elle-même pétri de ses mains d'excellents pâtés et des tartes qu'elle disposait dans de grandes corbeilles avec des provisions de toutes sortes et en abondance. « On a faim au bois », disait-elle. Et si la veille du jour de la partie, le ciel semblait menacer, elle vous conduisait à l'autel de Marie pour obtenir un beau soleil pas trop chaud. Que vous étiez heureuses ! .. Et au milieu du jour, elle aimait à recevoir de vos nouvelles ; puis le soir, qu'elle riait maternellement lorsque ma mère vous ramenait saines et sauves, enguirlandées de bouquets et de fleurs des champs! Elle allait d'abord la remercier aimablement de s'être fatiguée pour vous procurer du plaisir, puis chacune lui racontait ses joies, ses petits incidents, il y en a toujours à cet âge, et la bonne mère écoutait tout avec intérêt ; vous lui offriez des fleurs gardées pour elle, puis on allait dormir, se promettant encore de semblables et si heureuses journées.

Et la fête des Rois, quelle réjouissance ! Une

table dressée exprès pour la famille royale, ornée avec un certain luxe, et permission à toute la cour de crier joyeusement : Vive le roi ! vive la reine ! (S'entend quand nous n'avions pas la République !)

C'est ainsi que les jours de fête et de travail étaient si bien mélangés qu'il y avait entrain au devoir comme au plaisir, et que l'un bien rempli savait rendre l'autre bien agréable.

Lorsque venaient ces époques solennelles, où pour répondre aux désirs de leurs Parents, il fallait faire passer des examens aux élèves dans cette Université et cette Préfecture de Nancy, devant lesquelles le cœur bat si fort, même après bien des années qu'on s'y est vue, quel intérêt, quel souci elle prenait du succès ! Il fallait, même dans sa dernière maladie, lui apporter des nouvelles plusieurs fois par jour et le soir avant son sommeil pour qu'il fût paisible. Et quand nous venions lui apprendre que toutes avaient réussi, quel rayonnement de bonheur dans ses traits ! « Allons, disait-elle, les parents seront contents ! Oh ! comme je vais bien dormir. »

Venait la distribution des prix, elle les proclamait avec une joie de mère, chacune voulait être couronnée par elle, et recevoir un baiser de celle qui les avait soutenues, excitées au travail. Toujours la blanche couronne avant de ceindre le front de la plus sage, avait été déposée tout le jour aux pieds de Marie, la gardienne de l'innocence, des plus humbles et pures vertus.

Pourquoi ne le dirions-nous pas ? L'enfant la moins bien douée recevait encore un témoignage d'affection et de souvenir. Le Seigneur est le maître de ses dons, elle voulait que celle qu'il en avait privée fût dédommagée par un encouragement. Ne fallait-il pas par cette attention aller consoler le cœur de ces mères qui seraient si heureuses d'être fières de leurs filles !...

Comme elle s'ingéniait pour rendre les récréations amusantes ! au printemps elle réunissait des fleurs de toutes espèces, des semences pour la culture du mètre carré donné à chaque élève, et dans lequel elle peut suivre le progrès de la croissance d'une plante, placer un myosotis, une pensée pour l'offrir à une amie. Alors toutes accouraient vers elle pour recevoir leur petite part ; on bêchait, on plantait, on déplantait d'après son conseil ; on arrosait ; il y avait là outils, arrosoirs proportionnés à la force des jardinières.

En été, c'étaient des cerceaux, des volants, des balles ; puis, le soir, on travaillait à l'air ; les enfants aiment tant tout ce qui ne ressemble pas aux murs de la classe ! .. En hiver, c'étaient des jeux plus actifs ; le soir, à la veillée, de charmantes histoires que les bonnes lectrices étaient si fières de lire à leurs compagnes. Chacune l'interrogeait du regard, pour deviner le dénouement. Alors, elle souriait, puis au moment où c'était le plus piquant, elle fermait le livre afin d'exciter encore plus l'intérêt.

C'était aussi un jour de bonheur que celui de la fête de la Supérieure : elle permettait tout, excepté le mal ; tous les jeux étaient apportés, toutes les gâteries étaient accordées. Elle-même jouait avec les enfants, ou bien sa journée était employée à disposer dans la grande salle d'étude un petit théâtre où les élèves devaient jouer des pièces tirées de l'Ecriture Sainte, qu'elles avaient apprises de longue main, et qui en exerçant heureusement leur mémoire, leur laissaient pour la vie quelques grandes et bonnes pensées avec le joyeux souvenir d'une fête passée sans ce remords qu'amènent souvent après eux les bruyants plaisirs du monde.

C'est surtout pour les orphelines que notre chère Mère Sainte-Marie avait des soins et des caresses. Oh ! comme elle savait être doublement mère ! Lorsqu'on lui amenait ces enfants encore toutes petites, elle en avait un soin tout particulier ; elle cherchait à leur rendre ces joies si pures et si douces de la famille dont la mort les avait privées. Ah ! qu'elles le diraient bien, ces chères enfants, si nous les laissions tracer ici leur mot de souvenir ! Mais au fond de leur cœur, elles ont gravé le nom de celle qu'elles ont tant de fois nommée leur mère...

La santé des élèves était l'objet de sa maternelle sollicitude, elle évitait cependant de les accoutumer à donner trop d'attention à ces légers malaises qui n'ont d'autre conséquence que d'apprendre à souffrir, chose si essentielle dans la vie, qui n'est qu'une continuelle douleur. Mais si le mal avait le moindre caractère sérieux, qu'elle était soigneuse pour y porter immédiatement remède. Leur vie était-elle en danger ? elle en perdait le repos. Alors c'était vers Marie qu'elle prenait son refuge, elle la priait si tendrement et si bien que Marie guérissait toujours, et qu'elle n'eut pas la douleur pendant quarante années de perdre une seule élève au Pensionnat.

Et, lorsque, de retour dans leurs familles, il arrivait qu'elle apprît la mort de l'une d'elles, comme elle s'en affectait !...

Son cœur, grand et généreux, aurait voulu prendre bon nombre d'enfants de familles éprouvées par le malheur. Pour celles-là aussi elle avait de ces délicatesses qui consolent des disgrâces de la fortune... elle s'occupait de leur avenir, éloignées d'elle, elle les suivait de ses conseils et de son affection. Nous l'avons vue solliciter comme bouquet de fête la prolongation du temps de pension pour celles de ces enfants qui en avaient le plus besoin. Oui, ce cœur avait des ruses auxquelles on ne pouvait résister.

IV.

Le matériel du Pensionnat n'échappait pas à sa vigilance. Elle-même servait les repas aux élèves, elle voyait à ce que les aliments fussent bien conditionnés , sans toutefois favoriser les molles tendances qui aujourd'hui portent les enfants à ne suivre que leur goût sans chercher à vaincre leurs répugnances. Elle leur apprenait à savoir se contenter de mets sains et solides et non à se permettre ces recherches de la délicatesse qui n'est pas même le savoir-vivre. Elle les habituait peu à peu à se faire à telle ou telle chose qu'elles n'aimaient pas, mais sage et bonne en cela comme toujours, elle dérobait le légume en disgrâce sous un peu de jus, n'en donnait que peu à la fois ; surtout et avant tout, elle demandait qu'il fût accepté pour plaire à Dieu, pour se renoncer. C'est ainsi que jusque dans les moindres détails, elle travaillait à la réforme morale.

Que n'a-t-elle pas fait pour rendre les appartements agréables et commodes, pour agrandir les classes ! Ce frais bâtiment qu'elle a fait élever, combien de services ne nous a-t-il pas déjà rendus ?

Combien nos anciennes élèves, lorsqu'elles viennent en septembre y faire leur retraite annuelle, aiment à se retrouver dans ces gracieuses chambrettes ornées du travail de ses mains, meublées par ses soins, tapissées de gaies couleurs, où elles vont diviser avec leurs compagnes de choix, et rappeler ensemble après, peut-être, de longues années d'absence, ces jours qu'elles voudraient faire revivre, ces joies si pures du premier âge, alors qu'elles ignoraient les chagrins de la vie, ses déboires et ses amères déceptions.

C'est elle, avec notre Révérende Mère Stéphanie,

qui eut la pensée de réunir chaque année en septembre toutes ces chères enfants, élevées dans notre Maison. La première année, il nous en souvient, elles n'étaient que huit ; toute œuvre a son berceau. Elles furent reçues, accueillies avec la plus vive joie. Notre Mère Sainte-Marie les entoura de toute sa tendresse, heureuse qu'elle était de les revoir, et l'on peut dire qu'elles remplirent notre maison de leur gaîté qui prouvait leur bonheur de se retrouver au bercail.

L'œuvre a bientôt grandi, elle en a été réjouie et elle priera pour qu'elle croisse toujours et que ces âmes de jeunes filles qui lui ont été si chères viennent se retremper dans la ferveur de leur jeunesse et goûter les innocents plaisirs d'autrefois.

Comme elle tenait à ce que l'ordre et la propreté, ce luxe permis et le seul appréciable, régnassent dans tous les appartements et les classes du Pen sionnat ! Elle y veillait soigneusement et y dressait les bonnes Sœurs converses mises à son service. Celles-ci répondaient bien à ses intentions qu'elle imposait, non comme des ordres, mais comme des désirs, avec une bonté incomparable ; une confiance, me disait l'une d'elles, qui rendait heureux et faisait même trouver du plaisir à se fatiguer pour la contenter. Et lorsque, à différentes époques de l'année, se font les grands débarras, elle se rendait compte de tout ce qu'il y avait à faire, allait s'assurer de la netteté des appartements, encourageait celle-ci par une douce parole, celle-là par un bon regard, une autre par un aimable compliment ou un petit mot sympathique pour exprimer le regret qu'elle éprouvait d'exiger un surcroît de besogne ; et puis elle réjouissait ses travailleuses par de jolies images et ces mille petits riens offerts avec le cœur, que le cœur reçoit, qu'il préfère à de plus riches dons. Disons-le, elle avait l'œil du maître, cet œil qui saisit l'ensemble et voit chaque détail ; cet œil qui mesure le pour et le contre dans les difficultés et sait en trouver le nœud. Elle savait calculer le poids et l'amertume d'un reproche adressé mal à propos, qui va blesser un cœur peut-être pour toujours... Elle avait du tact, de la délicatesse, et tous ses procédés en gardaient l'empreinte, aussi bien que partout où elle passait elle y laissait une trace de bon goût et de grâce.

V.

Pendant quarante ans, elle fit chaque jour ce que nous venons de raconter, sous le regard de Dieu et de ses Anges, mais disons-le aussi, le cœur appuyé sur celui de notre bien-aimée Mère Stéphanie près de laquelle elle trouvait toujours un conseil éclairé, intelligent, maternel et dévoué, qui jamais ne lui fit défaut, et que la mort seule put lui ravir. Pour remplir avec force et constance la lourde charge qui lui avait été imposée si jeune et la soutenir pendant un si long temps, il lui fallait être soutenue non-seulement par le divin Maître, mais aussi par un cœur dans lequel elle pût épancher ses peines, ses doutes, auquel elle exposât ses difficultés, soumît comme religieuse exacte ses plans et ses projets. Elle avait besoin de trouver une consolation dans ces mille et une occasions difficiles, même désagréables, qui se rencontrent inévitablement dans un semblable emploi. Et puis il y a des moments où même avec un grand courage, les douceurs de l'amitié deviennent nécessaires, Jésus lui-même ne voulut pas s'en passer dans son pèlerinage ici-bas, et c'est près de ses amis de Béthanie qu'il allait, lui, le Fils de Dieu, se consoler de l'injustice des hommes, de l'hypocrisie des pharisiens, de la malice des scribes et des docteurs de loi. C'est à Béthanie qu'il se reposait des travaux de sa vie publique, et ne le vit-on pas frémir et pleurer sur le tombeau de Lazare en voyant la douleur de Marie et de Marthe?

Il était donc tout simple et tout juste que notre chère Mère Sainte-Marie allât près de celle qui l'avait donnée à Dieu pour y trouver tous les secours dont son âme et son cœur avaient besoin. Et leurs rapports étaient si doux d'une part, si filials, si pleins de déférence, si loin de toute prétention de l'autre, qu'ils n'éveillèrent jamais la jalousie. Nous avons dit qu'elle était la fille aînée de notre Mère Stéphanie, et vraiment, elle en remplissait toutes les fonctions, elle fut son bras droit, son cher et doux Ange gardien. La Communauté chérissait la Mère, et après elle, celle qui la lui conservait par les tendres soins dont elle l'entourait. Notre chère Mère Sainte-Marie accompagna notre digne et vénérée Mère Stéphanie dans tous ses voyages, à l'époque de nos fondations. Et lorsqu'il fallait amener les religieuses destinées à peupler la fondation, elle les consolait, les encourageait, les entourait de mille attentions, de souvenirs, pour les aider au sacrifice. Et lorsqu'elle revenait les visiter encore avec notre Mère, on se réjouissait d'avance de la revoir. Elle est si bonne! disait-on. Elle avait soin d'apporter à chacune quelque chose de notre Maison. On l'aimait partout où elle passait comme nous l'aimions ici. On supportait plus facilement l'absence de notre vénérée Mère, parce qu'on était sûre qu'elle nous la ramènerait saine et sauve ; et lorsque l'inquiétude saisissait quelques-unes, bien vite on disait : Que craignez-vous donc pour notre Mère, puisque notre Mère Sainte Marie est avec elle ? Et au retour lorsque la voiture qui les ramenait entrait dans notre cour, elle en descendait la première, et son délicieux sourire nous apprenait que la bonne Mère se portait bien et que nous n'avions qu'à nous réjouir. Alors, on se rendait au chœur, on entonnait le plus joyeux des Magnificat, qui se continuait jusque dans la salle de Communauté. Et puis après avoir donné un tendre baiser à notre Mère Stéphanie, on allait encore en donner un bien affectueux et tout reconnaissant à son Ange gardien.

Notre Mère Stéphanie lui confiait tout, et la discrète fille se montrait digne de ces rapports si intimes et si étroits. Jamais elle ne s'en servit pour s'attirer une préférence, pour dominer sur les autres, encore moins pour se faire apprécier aux dépens d'autrui ; une telle pensée n'eût pu trouver place dans son âme droite et élevée. Tout au contraire, elle n'usait de son influence que pour rendre service à l'une ou à l'autre. Et si dans la conduite d'une maison aussi considérable que la nôtre un détail échappait à l'œil éclairé et vigilant de notre bonne Mère, la fille aînée était là ; c'est ainsi qu'elles se prêtaient un mutuel secours et que, réciproquement, l'une secondait de tout son pouvoir les nobles et généreuses inspirations de l'autre. Comment, dans un tel accord, une telle union en vue du bien, n'eût-elle pas amené les plus heureux résultats, donné du bonheur à toutes et à chacune, fait régner la paix et le bon ordre, formé les cœurs à la plus aimable charité, et développé dans les âmes le bon esprit religieux.

Elle avait excellemment l'esprit de Communauté, elle aimait à se trouver au milieu de ses Mères et Sœurs, et dans les rares loisirs que lui laissait son emploi, elle venait faire une aimable apparition à la récréation où elle savait dire un mot gracieux à chacune. Dans les deux dernières années de sa vie, alors que cette terrible maladie de cœur la força de se réduire à l'inaction, malgré la souffrance que cette course lui occasionnait, elle venait en récréation.

Dès qu'elle entrait, les plus anciennes, toutes réjouies de la voir, allaient à elle ; les plus jeunes, toutes ses enfants, l'entouraient ; elle s'informait de leur santé, de tout ce qui pouvait les intéresser, avec une grâce, une bienveillance qui nous la rendaient toujours plus chère.

Nous n'avons pas oublié qu'un mois encore avant sa mort, le 28 janvier, elle avait recommandé qu'on l'éveillât le soir, si elle venait à dormir, car elle voulait être avec les autres pour offrir ses vœux à Notre Révérende Mère actuelle, et malgré tous nos efforts pour lui donner le change, à l'heure dite elle se fit lever, descendit, et vint, portée par deux bonnes Sœurs, faire son aimable compliment, avec un bouquet de fleurs naturelles rares pour la saison, qui lui avaient été envoyées du midi par une de ses enfants, et qu'elle avait gardées soigneusement fraîches pour la circonstance. Oh ! notre Révérende Mère s'en souvient, et conserve avec un filial et maternel amour l'image jointe aux fleurs et sur laquelle était tracé un mot d'adieu !... Ce prochain adieu pouvait se prévoir, car elle était d'une pâleur qui nous fit mal... Elle semblait tout heureuse de se trouver avec nous.

Il en était de même pour les autres observances auxquelles elle pouvait assister. Ce ne fut qu'à grand peine qu'on put la décider à ne plus venir au réfectoire la dernière année de sa vie, et elle usait de ruse pour s'y retrouver. Tout est meilleur, disait-elle, quand je suis avec la Communauté.

D'une exquise charité, elle couvrait toujours les petits travers et les défauts du prochain de la plus excessive indulgence, trouvait un bon côté à toute chose, si difficile qu'il fût de l'apercevoir. C'eût été la peiner que de dire le moindre petit mot qui pût altérer cette aimable vertu, la plus chère à Jésus-Christ. Et ce sentiment, ah ! elle l'avait puisé non-seulement dans son cœur d'une bonté exquise, mais dans celui de celle si aimée Mère Stéphanie, qui n'était que bénignité, mansuétude et pardon. Et la fille avait en cela tous les traits de la mère.

Si, par mégarde, elle avait froissé quelqu'un, elle n'avait pas de repos jusqu'à ce que ce nuage involontairement élevé fût dissipé.

Oui, elle était amie du calme, de la paix, de la bonne union, et elle savait l'entretenir par son exemple et ses excellents procédés.

Nous demandions à Monsieur notre Aumônier ce qu'il fallait dire de sa part dans cette notice : « Ah ! j'aurais bien à raconter si je laissais parler ma reconnaissance, dit-il, mais si je ne vois que la religieuse, je dis ceci : Elle était très humble ». Cet éloge suffit, si nous en croyons les grands saint Bernard et saint Augustin dans ce qu'ils ont dit de l'humilité, la première et fondamentale vertu ; la dernière et la plus précieuse.

Et voici ce que nous écrivait de cette bonne Mère un séculier, homme de grand talent, distingué autant par sa piété que par ses éminentes qualités. Nous copions textuellement; ces lignes faisaient suite à des renseignements demandés sur différentes choses :

« Vous me permettrez de faire ici l'éloge de
» Madame Sainte-Marie, de publier bien haut ce
» que j'ai pu en juger à la suite de nos longs entre-
» tiens nécessités par les circonstances. Combien
» j'ai été à même de la connaître et d'admirer ses
» remarquables qualités et ses vertus précieuses en
» tête desquelles je me plais à placer sa grande
» modestie. Dieu sait cependant si elle pouvait se
» prévaloir des dons de l'esprit et du cœur, pour
» se faire remarquer. C'était une femme très supé-
» rieure qui se comptait pour rien absolument, et
» ne voyait que les autres. Je l'estimais beaucoup,
» que dis-je, j'avais pour elle de la vénération
» comme pour une sainte. Je ne perdrai son sou-
» venir qu'avec la vie pour la retrouver vivante
» dans un monde meilleur ».

Si cet éloge nous fût parvenu alors qu'elle vivait, nous le tracerions avec moins d'assurance. Mais adressé lorsque plus rien ne l'appelle ni le réclame, il est doublement digne de foi.

Oui, elle s'oubliait pour penser aux autres, elle était sans cesse occupée à faire plaisir, à préparer une agréable surprise, à soulager une douleur, à faire des heureux. Si un cœur blessé venait s'abriter près du sien, elle avait une larme à donner, un mot qui soulageait, et c'était toujours par une pensée de foi, par un regard vers le ciel, par une prière à Marie, qu'elle arrivait à calmer la souffrance la plus aiguë, qu'elle ôtait aux larmes ce qu'elles ont d'amer, qu'elle ramenait dans l'âme le calme et la sérénité. Il n'était pas d'infirmité qui ne la trouvât compatissante et bonne. C'est ainsi qu'elle s'était gagné l'affection d'une bonne demoiselle qui habita notre maison pendant quarante ans, et qui mourut un an avant elle. Cette bonne demoiselle était toujours prête à nous venir en aide lorsque l'occasion se présentait. Elle s'était attachée à notre chère Mère sainte Marie, dont la bonté la charmait, et qui savait la consoler dans toutes ses peines, ne se lassant jamais de l'écouter, supportant les variations de son humeur causées par de graves infirmités, et la ramenant toujours à la gaîté sous l'influence de son aimable et douce piété.

Sa bienveillance s'étendait à tous ; les ouvriers de la maison étaient heureux de travailler pour elle. L'enfant de l'ouvrier avait droit à ses bontés, son plus grand plaisir était de leur faire quelque présent.

Lorsque quelqu'un lui rendait un service, elle en remerciait avec cette satisfaction, cet air gracieux qui paye comptant et au-delà de la peine que ce service a coûtée.

Sans prétention aucune, tout ce que les officières lui donnaient était toujours bon ; et s'il y avait à son égard quelque méprise, elle était la première à excuser les autres, à les tirer d'embarras. Son esprit de conciliation la rendait chère à toutes et à chacune ; elle n'eût jamais pu rebuter qui que ce fût, et lorsqu'une action paraissait vraiment répréhensible, même coupable, elle savait encore l'excuser en lui prêtant les meilleurs intentions.

Combien elle aimait toutes ses Mères et Sœurs ! si l'une d'elles tombait malade, qu'elle était attentive à demander des nouvelles, à prier, à faire prier pour elle ; il fallait prendre mille précautions pour lui annoncer un décès, elle en était toujours toute bouleversée.

Et toutes nos bonnes Mères lui rendaient cette affection.... Nous n'en donnerons qu'une preuve à elle seule bien suffisante.

Quelques années après sa profession, notre chère Mère Sainte-Marie tomba gravement malade. C'est alors qu'une de nos bonnes Mères anciennes, la sœur du général Drouot, en religion la Mère Madeleine, digne par sa régularité et ses vertus religieuses d'un si beau nom, fit un acte de charité héroïque, qui prouve son extrême humilité et en même temps l'estime qu'elle portait à notre chère Mère Sainte-Marie.

Lorsqu'elle vit que les jours de la jeune religieuse étaient menacés, elle offrit à Dieu le sacrifice de sa vie, « bien moins nécessaire, disait-elle, que celle de sœur sainte Marie. »

Et Dieu qui a ses desseins que nous ne pouvons sonder, sembla trouver plaisir à l'holocauste, car, quelques jours après que cette vénérée Mère avait fait cette offrande, elle eut une première attaque, suivie de deux autres qui nous l'enlevèrent, et notre chère Mère Sainte-Marie recouvra la santé.

Si la mort venait ravir à l'une des élèves un père ou une mère, quelle souffrance elle éprouvait ! ses traits décomposés et sa physionomie tout attristée révélaient déjà qu'elle avait appris une mauvaise nouvelle ; et comme elle s'y prenait maternellement pour adoucir ce coup au cœur de l'orpheline !... elle élevait d'abord l'âme de cette enfant vers le ciel par les saintes espérances de l'immortalité, et la fortifiait par les pensées de la foi. Alors, seulement elle lui avouait le malheur arrivé, elle mêlait ses larmes à celles de l'enfant et lui disait de ces paroles qui font croire encore à la présence de ces êtres chéris.

Elle aimait ses supérieures, elle aimait seségales, elle aimait ses inférieures, mais ce cœur sensible et bon aimait surtout Jésus ; elle cherchait à lui gagner des âmes ; aussi quel accueil bienveillant elle faisait aux jeunes sujets qui se présentaient dans notre maison ; à l'occasion elle leur disait un petit mot du cœur pour les soutenir, pour les encourager : ici, que de voix me répondent : c'est bien vrai !... Toujours bonne, indulgente, elle savait couvrir toutes les faiblesses du manteau de la charité qu'elle portait large comme celui de sa mère selon la grâce.

Combien elle était heureuse de voir l'autel bien orné, entouré de fleurs ! Outre ses emplois, notre bien-aimée Mère Stéphanie l'avait chargée du soin des fleurs, il y a de cela bien des années ; on lui donnait pour aides de jeunes sœurs qui se faisaient un vrai plaisir de la suivre dans cette culture délicate qui lui convenait si bien ! Par ses soins, notre jardin fut bientôt embelli, malgré la jardinière qui venait souvent poser son cordeau pour que l'aimable Mère n'élargît pas trop les plates-bandes, ou de peur qu'elle ne substituât un œillet, un rosier, quelques fraîches reines des prés, un gracieux arbuste à une endive, une fève ou une laitue !... C'était, je crois, le seul point de désaccord, et encore, on la trouvait si charmante dans ce débat que le cordeau s'écartait un peu pour faire place à la fleur.

Bientôt, la cour du Pensionnat offrit un riant aspect ; elle y disposa une espèce de corbeille formée de gradins, ou s'étageaient et s'étagent encore en souvenir d'elle des fleurs de toutes espèces, qui vont orner tous les jeudis et jours de fête notre chapelle extérieure et la parent si bien que toutes les beautés artificielles ne sauraient les remplacer. Que de fois nous l'avons vue, cette bonne Mère, malgré ce que cette course lui causait de fatigue dans ses dernières années, venir s'assurer depuis l'orgue du bon effet que produisaient ses fleurs tant aimées, et ses yeux brillaient d'un éclat si joyeux qu'on voyait combien elle tenait à procurer jusque dans les moindres détails la gloire de Jésus au Saint-Sacrement.

Qu'elle avait de plaisir à voir grandir une fleur, à

suivre sa croissance, à l'étudier dans ses moindres parties. Comme elle les abritait de tout vent destructeur ; et que de réflexions elle faisait en les cultivant, que de rapprochements avec ces jeunes âmes dont elle avait à répondre, qu'il lui fallait surveiller, soutenir, qu'il fallait, par de sages précautions, préserver du souffle des passions ! Aujourd'hui, chaque fleur encore nous parle d'elle, nous rappelle ses soins pour d'autres fleurs qui loin d'elle, se fanent et se flétrissent.. .

Il nous souvient qu'un jour, elle avait prié une de ses bonnes auxiliaires d'aller sarcler les plates-bandes d'une des allées principales de notre jardin. « Arrachez toutes les mauvaises herbes », avait-elle dit. La bonne sœur s'en va à l'ouvrage, mais elle sarcla si bien qu'elle enleva tout, fleurs, rosiers, tout fut coupé et jeté dans l'allée. A midi, la bonne Mère arrive, et, quel spectacle ! « Est-il possible, nous dit-elle, regardez donc. la sœur a tout coupé ! » Nous voyions sa peine et nous préparions une mercuriale d'importance pour la maladroite. — « Non, nous dit-elle, la pauvre sœur a cru bien faire. »

Et c'est ainsi que de jour en jour, d'année en année, on la vit pratiquer ces humbles, et modestes vertus que le doux François de Sales appelle les petites vertus, mais qui sont bien les plus difficiles, qui révèlent une grande force d'âme, qui sont plus héroïques par leur continuité que par l'éclat qu'elles jettent, violettes du jardin de l'Epoux, plus à l'abri de l'amour-propre qui trouve encore sa part dans un acte extraordinaire, vertus qui n'ont que l'œil de Dieu pour témoin, qui n'attendent que de Lui leur récompense, mais qu'il compte une à une comme il compta les coups de rabot de l'artisan de Nazareth, et les battements du cœur de la Vierge Marie que cette bonne Mère avait prise pour modèle.

VI.

Nous voici arrivée à cette page qui, dans sa vie, tint la plus large place ; son amour pour Marie ! Cet amour date de son enfance, il grandit dans sa jeunesse, il préserva son innocence, il l'éclaira et la guida dans l'âge mûr, il la soutint dans les heures de suprême angoisse, il fut son refuge à son heure dernière.

Ouvrez tous les livres qui furent à son usage, vous y trouverez l'image de Marie sous les aspects les plus touchants choisis par elle, en rapport avec sa mission. C'est Marie, sur laquelle s'appuie une jeune âme qui cherche près d'elle la force et le courage ; c'est Marie avec le divin Enfant dans ses bras, aimable symbole dans lequel elle renfermait la pensée de toutes ces chères enfants que la Providence confiait à sa maternelle surveillance. Ou bien, c'est Marie aux pieds de laquelle la jeune fille vient déposer son cœur pour qu'elle le garde pur. Plus loin, c'est la jeune fille avec le voile des Vierges qui vient se donner à Jésus, que la Mère de Dieu tient entre ses bras. C'est Marie à Nazareth, travaillant et priant, ou aidant Joseph dans les soins domestiques, qu'elle proposait pour modèle à ses élèves. C'est encore Marie apprenant à lire près de sa sainte Mère Anne; que de fois elle la donnait aux plus jeunes pour les rendre dociles. Au moment même où nous traçons ces lignes, nous ouvrons un petit livre écrit de sa main. Ah! rien que le titre indique sa filiale tendresse pour la Reine du Ciel : « Mes dévotions à Marie, ma Mère bien-aimée ». Sur la première page : « Consécration à Marie », et plus bas « Vous avez ravi mon cœur, j'ai compris qu'en m'attachant à vous je trouverais le bonheur véritable... » A la page seconde : « Il faut, ô Marie, que par un merveilleux échange, je puisse dire en vérité que Marie est en moi, et que je suis en Marie ; mon cœur dans son cœur, et le sien dans le mien ». Et la prière continue ainsi dans une expansion d'amour le plus tendre, de confiance la plus intime. Si nous feuilletons, nous la trouvons vivant avec Marie, la prenant pour guide, pour exemple, dans toutes les actions de sa journée. Nous lisons : « Dans toutes ses œuvres avoir cette pensée habituelle : Ma bonne Mère, agissez en moi, priez en moi, souffrez en moi ; parlez en moi, travaillez en moi ». Puis elle ajoute : « Ainsi pour tout..., paisiblement, doucement, sans contention, mais aussi avec fidélité et persévérance ». Suit une méditation faite sous le regard de Marie, une messe entendue avec les intentions de Marie. Nous trouvons : « Confession au pied de la Croix, tout près de Marie » ; et ces lignes : « Que votre virginale pureté et que votre parfaite fidélité détruisent jusqu'aux moindres imperfections de mon âme ». La Communion, encore avec Marie : « Ma bonne Mère, écrit-elle, donnez-moi mon Jésus, prêtez-moi votre cœur, et recevez-le vous-même en moi... Défendez-le au-dedans de moi..., faites-le vivre... grandir... dominer... Etendez aussi, ô ma bonne Mère, et affermissez son règne dans le cœur des autres... A l'Office, prier en Marie, avec Marie, par Marie. Oublier tout et ne voir que notre bonne Mère veillant, miséricordieusement sur nous. Tendre doucement, mais efficacement avec elle... comme elle... et par elle à faire toujours ce qui peut être le plus agréable à N. S., dans les petites choses comme dans les grandes. Agir courageusement... sans négligence ni réserve ». Ailleurs ceci : « Ne rien offrir à Dieu, ni aux hommes, qu'en le confiant également aux mains virginales de Marie. Coucher : Présenter toutes les actions du jour à Marie, la priant de raccommoder, de refaire ce qui pourrait déplaire à son Jésus. Puis, se placer dans le Cœur de Marie, y plaçant aussi les personnes que l'on chérit, et s'endormir avec confiance ».

Aspiration :

« Je veux, Mère d'amour,
Sous ton aile chérie,
Je veux passer ma vie,
Jusqu'à mon dernier jour. »

Et cet autre : « Heureux le cœur uni à celui de la Reine du Ciel, il s'élèvera de vertus en vertus, il arrivera heureusement au port ».

Nous feuilletons encore « O Marie ! soutenez ma faiblesse, vous êtes ma force, mon soutien ! — O tendre Mère, mon âme est altérée du Dieu vivant, conduisez-moi au pied de son trône ».

Marie, ô Mère d'espérance,
Ton cœur est l'arche des élus,
L'heureux gage de l'alliance
Qui nous lie au Cœur de Jésus.
Par toi, nous sommes son domaine,
Il nous appartient sans retour.
Resserre une si douce chaîne,
Toujours !... toujours !...

« O Marie, mon salut est entre vos mains, me laisserez-vous périr... »

Et voici des lignes qui la peignent tout entière : « O Cœur immaculé de Marie, parfaite image du Cœur de Jésus, rendez nos cœurs semblables aux vôtres ; faites-en :

Des cœurs d'enfant pour Dieu,
Des cœurs de mère pour le prochain,
Des cœurs de juge pour nous même.

Et plus nous lisons, plus nous voyons le progrès de son âme dans l'amour de Jésus, inspiré par Marie. Elle écrit : « Je veux, par ma fidélité de chaque instant, pénétrer jusqu'au centre, et m'unir pour jamais au Cœur immaculé de Marie ».

En bas d'une page, ces seuls mots : « Marie est ma Mère!!! » comme s'ils résumaient sa pensée, sa tendresse, son bonheur.

Suivent des méditations dont Marie est l'âme et le secret; celle-ci entre autres prouve quelles richesses spirituelles elle puisait dans cette union, ce commerce avec Marie : « Voici des pratiques intérieures bien sanctifiantes pour ceux que l'Esprit Saint appelle à une haute perfection : C'est, en quatre mots, faire toutes ses actions : en Marie, avec Marie, par Marie et pour Marie, afin de les faire plus parfaitement en Jésus, avec Jésus, par Jésus et pour Jésus.

Les réflexions qui suivent sont d'une onction pénétrante, et nous regrettons de ne pas les citer, mais nous craignons de donner à cet écrit trop de longueur.

Lorsque ce petit livre s'achève, on sent que les années en s'écoulant ont fait bien des blessures à son cœur tendre et sensible; alors son âme se répand devant Marie, à laquelle elle confie ses douleurs, ses angoisses, c'est devant Marie qu'elle épanche ses tristesses. Il se termine par une Consécration des deux dernières heures de sa vie, à cette bonne Mère du Ciel.

Oh! que ces feuilles usées, feuilletées, lues et relues nous sont précieuses et chères!... elles attestent son amour pour Marie C'était vraiment chez elle une dévotion douce et tendre qu'elle cachait, pour ce qui la regardait, sous la garde d'un humble silence; mais c'était là qu'elle trouvait aussi le secret de cette piété aimable et charmante qui la rendait si bonne, si cordiale, si accessible à tous, qui n'avait rien d'austère; disons le mot : rien de trop mystique; elle attirait les cœurs, les gagnait à Dieu et à sa Mère.

Mais, si Marie avait le secret de sa vertu, elle voulut inspirer ce moyen de perfection à toutes les âmes confiées à ses soins. De là ce zèle qu'elle déploya pour établir au Pensionnat la Congrégation des Enfants de Marie. Oh! combien elle groupa de cœurs aux pieds de Marie, combien elle en abrita sous son manteau contre les dangers du monde. Quelle importance elle donnait à ce titre d'Enfant de Marie! Il fallait l'obtenir quelquefois par plusieurs années d'efforts sur le caractère, d'exactitude au règlement, par des épreuves qu'elle imposait à dessein pour s'assurer du prix qu'on attachait à se ranger sous la virginale bannière.

Les réceptions se faisaient à des époques solennelles, aux plus grandes fêtes de Marie. Les heureuses élues, vêtues de blanc, portant de longs voiles et la blanche couronne, étaient placées au milieu du chœur pendant la messe conventuelle. Au moment de la Communion, elles allaient à la Table sainte les premières, même avant les religieuses. En face de l'Hostie Sainte, l'une d'entre elles prononçait la consécration d'usage. Après la messe, leurs noms proclamés, elles venaient s'agenouiller devant l'autel et recevoir ce cher ruban bleu et la médaille sur laquelle se trouvent gravés le nom de l'élue et la date de ce jour béni qui en fait l'Enfant de Marie. On chantait un Magnificat solennel, puis suivait l'action de grâce dans laquelle on les voyait saintement recueillies, heureuses d'appartenir à la Reine du Ciel.

Mais, toujours aimable et bonne, notre chère Mère Sainte-Marie rendait ce jour un jour de bonheur et de fête. Au retour de la messe elle avait préparé un déjeûner meilleur que d'habitude. Puis, sous les yeux de Marie, c'était récréation... Oh! quelle douce gaieté! quels tendres baisers on allait donner à celle qui rappelait si bien les traits de la céleste Mère... Si le temps le permettait, le soir il y avait grand goûter au jardin; goûter auquel rien ne manquait, auquel on faisait honneur; on le croyait venu du Paradis! Heures de pures jouissances, de gracieux et joyeux souvenirs... Ah! du moins, aujourd'hui, vous, chères enfants, qui les avez ressenties, rappelez-les à vos cœurs fatigués peut-être des fades joies de ce monde, ou, peut-être, brisés par ses douleurs!... Qu'elles vous rendent la foi de vos jeunes années! Allez, reprenez vos médailles, baisez-les avec amour, avec une filiale reconnaissance pour celle qui n'est plus, et dites : Je crois... Du haut du ciel elle vous verra, elle parlera de vous à Marie, et vous serez sauvées.

Non seulement elle établit cette association au

Pensionnat, mais elle la propagea au loin, et maintenant encore du dehors on vient demander cette médaille, sceau de prédestination, arme invincible contre les assauts de Satan, protection pour la vie, gage d'une sainte mort !

Chaque dimanche, elle réunissait ses Enfants de Marie, leur parlait de ses vertus, les excitait puissamment à les imiter.

Toujours, aux fêtes de Marie, tout le Pensionnat recevait la Sainte Communion,

Chaque année, le 21 novembre, fête de la Présentation de Marie au Temple, c'était encore un grand jour pour les élèves. Il était précédé de deux jours de retraite ; il y avait le matin communion générale, récréation, puis le soir, après un touchant sermon sur les vertus de la Vierge au Temple, la bonne Mère allait s'agenouiller devant l'autel de Marie, et là, entourée de toutes les maîtresses du Pensionnat, et de toutes ses chères enfants, elle disait de sa voix douce et timide une Consécration du Pensionnat à Marie. Il nous semble l'entendre entendre encore appuyer sur ces mots : « Dirigez, conseillez, conduisez, ô Marie, ô Maîtresse si sage et si bonne; corrigez les défauts, inspirez les vertus... » Et lorsqu'elle avait achevé, toutes les enfants s'écriaient : « Vive Marie, notre première maîtresse! » Ce cri d'amour et de soumission était suivi d'un cantique qui avait son écho parmi les Anges du Ciel.

Ce jour, on l'appelait la Fête du Pensionnat. Et

comment l'année scolaire n'eût-elle pas été heureuse, placée sous les auspices de la Vierge bénie !

Il y avait encore un jour qui retrouvait la mère et les enfants aux pieds de Marie; mais ce n'était plus une fête, c'était le moment des adieux, alors qu'il fallait retourner pour toujours dans le monde, après avoir passé des années de bonheur, des jours d'innocence dans la maison de Dieu ! Aussi, la voix émue de celle qui prononçait la consécration à Marie au nom de ses compagnes, était-elle si tremblante que les mots expiraient sur ses lèvres, et allaient se perdre dans un sanglot général. Et notre chère Mère Sainte-Marie pleurait silencieusement, son regard voilé disait assez ce que l'adieu avait pour elle de pénible et de douloureux.

Est-ce tout ce que je puis dire sur la dévotion de cette bonne Mère à Marie? Non, non, suivez-moi dans notre vaste, mais modeste jardin. A ses extrémités principales, vous trouverez un souvenir à la Reine du Ciel. Là, c'est un rocher entouré d'arbustes touffus, dont il faut dans la belle saison, écarter les rameaux pour y voir la maison de Nazareth. Notre bonne Mère Stéphanie, au milieu des soucis de sa priorité, dit bien des fois, en saluant l'humble toit : « Ah ! que ne puis-je aller ainsi me cacher seule avec Jésus !... » Et si nous avançons, après avoir salué l'Ange gardien qui du doigt montre le ciel à un enfant, site créé par sa piété, nous apercevons un autre rocher d'où jaillit une eau claire qui se joue dans les cavités de la roche et entre les mousses; il est dominé par une statue de Marie. C'est N. D. de la Salette, sculptée comme lorsqu'elle apparut aux deux enfants. Et puis, si nous nous retournons, nous voyons, ah? vous le savez, chères enfants, nous voyons ce charmant édifice, ce bijou de l'art, l'idéal, la pensée de sa vie, réalisée par l'ingénieux architecte, M. Gigout.

En parlant de ce bâtiment, notre chère Mère Sainte-Marie disait : « Ma chapelle », et sa physionomie s'animait, il y avait un rayon de joie sur ses traits, et cela, quelque vingt ans déjà avant qu'elle fût bâtie.

Plusieurs fois, la vie si précieuse de notre Mère Stéphanie avait été sérieusement menacée, et, chaque fois, Marie avait écarté le danger. Ce monument était donc tout à la fois un hommage d'amour. Un témoignage de reconnaissance. Faut-il s'étonner de l'ardente et persévérante activité qu'elle mit à le faire élever?

Peu à peu, la gratitude de ses anciennes enfants lui avait adressé ce qu'elle appelait des pierres pour sa chapelle. Cette bonne demoiselle, dont nous avons déjà parlé, ne manquait pas de profiter de toutes les circonstances pour lui glisser délicatement des pierres plus grosses et plus larges que cette bonne Mère n'aurait osé les espérer; et petit à petit, la cassette grossit. Un jour, elle l'ouvrit et s'écria : « Je puis donc élever à ma mère un temple qui, lorsque je ne serai plus, verra encore mes enfants à ses pieds, pour qu'elle les bénisse et les protège, pour qu'elle les soutienne au milieu du monde, pour qu'elle me les ramène au jour de l'éternel revoir. » Oh! que de pensées tendres et pieuses ont dû se presser dans ce cœur si aimant, si dévoué à Marie!...

Mais Satan ne pouvait voir ce projet sans chercher à le traverser, aussi mit-il tous ses soins à contrarier l'érection de ce nouvel édifice, dédié à la gloire de celle qui lui écrasa la tête au jour de sa défaite, et bientôt s'élevèrent des difficultés. Où la placer cette chapelle? disait-on. A quoi bon une chapelle? Et les choux, les laitues, les carottes qui devront céder la place!... Ah! quel meurtre!... Et mille autres objections de ce genre, mais « ses voix » lui avaient dit que cette chapelle serait construite. Comment? elle ne le savait pas, et comme la bergère de Domrémy, elle priait, elle attendait; on la voyait plus soucieuse, un nuage de tristesse commençait à paraître sur ses traits, à l'idée même d'un retard, et si bien que notre Mère Stéphanie craignit de combattre une inspiration qui datait de si loin, qui avait trouvé un puissant écho dans tous les cœurs pieux qui lui avaient répondu par de généreuses offrandes; il fut décidé qu'elle pouvait s'en occuper, l'emplacement fut choisi. C'était le 1er avril 1876.

Hélas! avant d'aller visiter la chapelle, venons à la plus cruelle, à la plus douloureuse épine de la vie de cette bien-aimée Tante, et la date citée plus haut vous l'a déjà révélée.

Il y avait trente-six ans que notre bonne Mère Sainte-Marie remplissait sa charge de première Maîtresse du Pensionnat, aidée de sa sœur aînée, et, nous l'avons dit, guidée et soutenue par notre Révérende et tant aimée Mère Stéphanie. Ces trois existences étaient reliées l'une à l'autre : en briser une, c'était les briser toutes... Et pourtant, Dieu le voulut ainsi, nous devons nous soumettre... Il commença par la bonne et vénérée Mère dans le cœur de laquelle les deux sœurs avaient trouvé force et courage au milieu des épreuves de leur vie.

Ah! qui dira de quels soins elles avaient entouré cette Mère bénie. Mais, le fruit était si mûr et si digne du ciel qu'il vint, ce jour sombre, ce jour de grande douleur où chacune de nous dut se dire orpheline, et pleurer près d'un lit de mort!...

Jusque-là, notre chère Mère Sainte-Marie n'avait pu croire que la séparation fût possible, mais lorsque, malgré toute la sollicitude, malgré tous les moyens employés pour la sauver cette digne supérieure elle sentit sa main glacée dans la sienne, il lui fallut courber la tête comme Jésus, et dire un *Fiat* en versant d'amères larmes.

C'était le 7 avril au matin, le jour de la Compassion de Marie, et c'est dans ce cœur brisé lui aussi par de poignantes douleurs qu'elle alla déposer la sienne.

Et pourtant, disons-le, elle fut héroïque .. Nous la voyons encore près du lit funèbre, muette, glacée, mais calme... Agenouillée dans un coin de la chambre mortuaire, sa sœur aînée priait et pleurait car celle qui n'était plus avait essuyé ses larmes de veuve depuis trente-six ans ! .. elle, à quatre ans, avait sauté sur les genoux de la bonne Mère, et vingt ans plus tard elle avait vu ses deux enfants comblés d'affection, de douces caresses. Et la mort était là...

Ma mère se leva, alla vers notre chère Mère Sainte-Marie, la serra dans ses bras avec une effusion qui faisait mal ; on les eût crues encore à ce jour où pour la première fois orphelines, la sœur aînée veillait sur celle dont elle devenait la mère ; elle lui dit tout bas une de ces paroles que le cœur inspire lorsqu'il aime, et, surmontant leur profond chagrin, elles prièrent ensemble. Quelques heures après, toutes deux avaient repris leur tâche au Pensionnat ; mais toutes deux aussi étaient frappées au cœur d'un coup mortel.

Toutefois, en dehors de ces témoignages légitimes d'affection dans une si rude épreuve, notre chère Mère Sainte-Marie se montra comme dans le passé ; elle souffrait sans se plaindre, ses yeux bien souvent, s'obscurcissaient de larmes, mais son regard n'en était que plus sympathique, et nous entendions nos chères enfants répéter avec admiration : « que Madame Sainte-Marie est courageuse ! qu'elle a de la vertu ! »

Et lorsque notre Révérende Mère Saint-François de Sales fut élue supérieure, notre chère Mère Sainte-Marie fut pour celle qui avait été son élève, tout ce qu'elle devait être. Elle lui donna son respect, une entière et fidèle obéissance ; elle refoula dans son âme sa tendresse pour celle qui n'était plus, pour ne pas priver de son affection celle qui la remplaçait. On la vit toujours soumise et gracieuse, reprendre au réfectoire sa place près de notre Révérende Mère comme auparavant, venir en récréation aussi souvent que possible, et dans plus d'une occasion adoucir à notre nouvelle Révérende Mère, ce que sa charge a parfois de pénible.

Comme nous l'avons dit, le 13 novembre, elle renouvelait ses vœux avec grande dévotion, elle écoutait avec un religieux respect le petit sermon d'usage que lui faisait celle qu'elle-même avait autrefois dirigée dans les voies de la piété. A sa dernière rénovation, elle était déjà très souffrante, ce qui ne l'empêcha pas de préparer dès le matin un fauteuil pour y placer Notre Mère, devant une statue de Marie pour y prononcer ses vœux ; et lorsque ce fut fini, nous la retrouvâmes les yeux tout pleins de larmes de bonheur et de joie.

VII.

La mort, en frappant notre vénérée Mère Stéphanie ravissait à notre Mère Sainte-Marie son guide, son appui, sa boussole. Mais elles avaient vécu trop longtemps ensemble pour que le souvenir de la sainte défunte ne rayonnât pas sur les dernières années de celle qui lui survivait. En effet, nous retrouvions en elle la mansuétude, la bienveillance maternelle, l'esprit d'union et de concorde qui avaient caractérisé notre Mère Stéphanie. Sa douleur ne lui enleva rien de son ardent amour pour la vierge Marie, et l'érection de sa chapelle vint même très à propos pour nous conserver encore ce cœur si bon, si aimant ; la pensée d'élever ce temple à Marie soutenait sa vie dont le principe venait d'être attaqué par cette perte cruelle.

D'ailleurs, avant d'entrer en agonie, notre bien-aimée Mère avait eu, comme cela arrive souvent aux malades, un de ces moments de réaction que l'on croit un réveil à la vie et qui ne sont que la dernière lutte contre la mort. Dans ce moment suprême, et tandis que notre chère Mère Sainte-Marie, assise près du lit de la mourante, cherchait encore à réchauffer ses mains dans les siennes, ne pouvant croire à son malheur, notre Mère Stéphanie la bénit ; elle bénit aussi les personnes présentes, de chères absentes, puis tout à coup elle regarda notre Mère Sainte-Marie et lui dit : « Et la chapelle! Oh ! bénissez-la » dit cette pauvre Mère en pleurant. Et notre Mère Stéphanie levant sa main tremblante reprit : « Je la bénis ! »

Elle était donc déjà consacrée, cette chapelle, par cette parole de la sainte mourante, désormais cette œuvre ne pouvait manquer d'avoir une heureuse issue.

Vers la fin d'avril 1876, architectes, ouvriers s'empressaient de répondre à l'activité surprenante avec laquelle elle mena cette entreprise, et l'on fut étonné après quelques mois de voir terminée cette délicieuse chapelle qui, dans un espace de terrain très limité, est cependant si spacieuse et domine si bien tout notre jardin auquel elle donne un plus gracieux aspest.

Vous, nos Révérendes Mères, qui lirez ces lignes avec cet aimable et cordial intérêt que vous prenez à tout ce qui regarde notre Maison, vous ne serez pas fâchées de trouver ici une exacte description de ce petit monument que l'amour le plus filial, la piété la plus tendre, la reconnaissance la plus délicate et la plus profonde ont élevé à Marie, notre douce Abbesse.

Et vous qui depuis quarante ans êtes venues successivement ici, vous qui avez folâtré dans ces allées, ou qui les parcouriez irréfléchies et sérieuses, rêvant à l'avenir, depuis longtemps peut-être, vous n'avez plus revu ces lieux dont le souvenir vous est cher ; j'en suis sûre vous suivrez volontiers ces détails qui vous feront revivre avec un si doux passé.

Située au couchant et adossée contre le préau, nous la voyons de face ; on y arrive par une large allée sablée et bordée de plates-bandes qui se parent, en juin, de blancs et beaux lis, car c'est la chapelle de N. D. de Lourdes, de la Vierge Immaculée. Des rosiers des espèces les plus variées mêlent leurs couleurs et leurs parfums à la pure couleur et au parfum du lis. Vous voici au portail qui regarde celui de la grande basilique du saint Évêque de Myre, que les populations lorraines ont toujours honoré d'un culte particulier. La modeste hauteur de cette petite chapelle en face de ce majestueux édifice, répond on ne peut mieux au caractère de celle qui en a conçu la pensée, qui jamais ne cherchait à prévaloir et savait faire le bien humblement et sans bruit. A part la porte d'entrée et la niche qui la surmonte, travaillées toutes deux avec une certaine recherche, aucun ornement ne vient décorer ses murs.

L'œuvre est de style roman, et le choix de ce genre d'architecture est une ingénieuse pensée due à la piété de M. Gigout. L'élégance est plutôt dans les formes et les justes proportions de l'ensemble que dans la recherche du détail. En plan, c'est un rectangle de neuf mètres de longueur sur six mètres de largeur, terminé par un chevet demi-circulaire. En élévation, le monument se compose de deux étages, éclairés chacun par six fenêtres étroites formées en plein cintre, ouvertes dans les murs latéraux, un comble en ardoises abrite la construction couronnée par une corniche en pierre sur console. L'abside ne s'élève qu'à la hauteur du cordon du premier étage ; elle est couverte, partie en verre, partie en ardoises, avec une corniche dans le même genre que celle de la nef.

Ah ! si vous eussiez vu cette bonne Mère, pendant la construction, surmontant le mal qui devait nous l'enlever, aller d'un endroit à l'autre, examinant les pierres, s'entendant avec les ouvriers, surveillant le moindre détail, devinant les difficultés, s'entendant à les faire disparaître, vous auriez compris que tout son cœur était dans cette œuvre ; chaque pierre dont le travail s'achevait semblait être comme l'épanouissement de son plus cher désir, comme la réalisation d'une pensée longtemps nourrie, et lorsqu'elle la vit réalisée, ah ! le cœur de Salomon ne battit pas d'une plus vive allégresse que ne battit le sien.

Nous ne l'avons pas encore dit, et ce serait une omission coupable : depuis quarante ans on la voyait lorsque revenait le mois de Marie, y songer longtemps à l'avance, et déjà pendant l'hiver, s'occuper de faire quelque surprise à la Reine du Ciel en préparant une fraîche parure pour son autel. Tantôt, c'étaient des draperies de mousseline et d'or que relevaient gracieusement des guirlandes de blanches roses ; ou bien, c'étaient des fleurs disposées en gradins, qui portaient chacune le nom d'une élève et qui devaient s'épanouir en son nom sous le regard de la divine Mère. Son âme était si tendre si délicate qu'entre ses mains tout prenait aussi des formes délicates, tout devenait symbolique et s'animait pour louer Celle qui après Dieu était l'objet de ses plus chères affections, à laquelle elle avait répété tant de fois : « Je vous salue Marie, la Reine de mon cœur, ma vie, ma Mère, ma douceur, ma plus chère espérance, maintenant et à l'heure de la mort. »

Ou bien, c'étaient des tourelles avec un clocheton de verdure, des colonnettes artistement déchiquetées, et sur lesquelles se lisait en relief le nom de la Mère de Dieu, formé de petits et frais boutons de rose. Sans doute, elle essaya pendant bien des années de reproduire sa pensée dominante, le vœu de son cœur sous mille formes variées; mais un autel ne lui suffisait pas, c'était un temple qu'elle voulait élever, c'était une chapelle où viendraient ses chères enfants de tout âge, à toutes les époques de leur vie. Elles y viendraient pendant les jours de leur éducation s'agenouiller devant la Madone, les unes pour lui confier leurs espérances dans l'avenir, lui demander d'être des femmes fortement chré tiennes; les autres pour déposer à ses pieds le lis de l'innocence et lui révéler le secret désir de se ranger sous la bannière virginale ; et plus tard se disait cette bonne Mère, alors que les douleurs et les épines de la vie les auront blessées sur le chemin, elles reviendront y chercher des forces et du courage, et le souvenir de leur mère, lorsqu'elle ne sera plus...

Oui, vous l'y retrouverez, entrons : Oh ! quel ravissant spectacle ! quelle douce émotion vous saisit ! involontairement on tombe à genoux, on se croit dans un parvis du ciel.. Et d'abord, voilà l'autel au fond de la nef, et derrière le tabernacle s'ouvre une vaste niche au milieu de laquelle domine une belle statue de la divine Vierge dont le doux regard et l'attitude appellent la confiance, et le divin Enfant placé devant elle y répond par son ineffable sourire.

Et qui donc craindrait ? — Ah ! l'âme la plus fatiguée, la plus brisée, le cœur le plus éprouvé retrouve là le calme et la paix ; car au-dessus de la Vierge, deux anges d'une ravissante beauté, l'un au vêtement d'azur, l'autre la robe flottante aux teintes rosées semblent descendre des célestes demeures, et sur leurs ailes dorées, ils apportent aux enfants de l'exil cette devise consolante : « Marie est l'espérance des désespérés. » En dessous de ces Anges tout aériens, un peu plus bas et de chaque côté de la Vierge, deux autres Anges descendent sur un nuage et présentent chacun à Marie une banderolle ; sur l'une on lit : amour ; sur l'autre, reconnaissance. Souvenir filial offert tout à la fois à la vierge Marie et à notre chère Mère Sainte-Marie par l'une de ses enfants comme mémorial du jour où elle fut reçue Enfant de Marie, et de celui où Jésus l'accepta pour son Epouse et sa Victime ! Ils sont ravissants aussi, ces deux Anges, et leurs visages ont je ne sais quels reflets de la patrie céleste. Plus bas encore, à la partie la plus large de la niche, voici encore deux Anges. Ceux-là ne sont plus aériens, ils semblent être venus pour écouter de plus près les prières faites en ce saint lieu. Eux-mêmes ont joint leurs mains et levé leurs regards vers le ciel ; il en est un au regard bien doux, mais qu'il est triste ! Sa robe est violette, ses cheveux bruns encadrent son front d'albâtre, on dirait qu'une larme brille dans ses yeux bleus ; tels doivent être ceux que le Seigneur a placés près de l'homme ici-bas pour pleurer avec lui. L'autre a le front plus serein, son regard a je ne quelle expression divine, on dirait l'Ange de l'espérance, et les larges plis de son vêtement vert diapré d'or disent assez qu'il veut nous suivre au sentier de la vie, illuminer nos plus tristes jours.

Et lorsque les derniers rayons du soleil couchant ajoutent à l'heureux effet produit par le jour qui d'en haut, éclaire tout ce tableau, on se croit loin, bien loin de la terre.

Devant la niche s'élargit l'autel tout en pierre sculptée avec art ; en-dessous est creusée une petite crypte dans laquelle est une statue de la Mère des douleurs ; elle y est placée en souvenir du 7 avril 1876, jour où nous fut enlevée notre Mère Stéphanie, vendredi de la semaine de la Passion, dans lequel l'Eglise honore les douleurs de Marie. Que de fois notre chère Mère Sainte-Marie vint là épancher la sienne et répandre des larmes dont Dieu seul et sa divine Mère avaient le secret !

Les six verrières peintes des fenêtres donnent à cette petite chapelle je ne sais quoi de mystérieux, et l'on s'arrête près de chacune, car chacune rappelle un des traits les plus saillants de la vie de la très sainte Vierge. Là encore on retrouve la pensée dominante de notre chère Mère Sainte-Marie faire du bien à l'enfance, à la jeunesse en plaçant sous ses yeux les plus beaux exemples de vertus : c'est Marie au Temple, Marie docile aux leçons de sa sainte Mère, Marie pieuse et recueillie dans la prière, réservée et timide en présence de l'Ange du Seigneur. C'est Marie, travaillant et priant dans l'humble maison de Nazareth, elle, fille des rois ! Et enfin, c'est Marie, montant au ciel, au jour de sa glorieuse Assomption. Chacun de ces vitraux est encadré d'une riche ornementation dans un fond de couleur pourpre ou d'un bleu riche foncé au milieu duquel se détache un ostensoir pour allier la dévotion à Marie à celle de Jésus au Saint-Sacrement.

Oh ! qu'elle était rayonnante et splendide cette petite chapelle, le 18 août 1877, jour où Mgr Foulon voulut bien venir en faire la dédicace. Quelle magnifique cérémonie ! Qu'il était majestueux le digne et vénéré Prélat lorsque, revêtu de ses habits pontificaux, il s'avançait sous les arcs-de-triomphe, au milieu de bannières flottantes, par un radieux soleil, et que suivi d'un nombreux clergé, de toutes les religieuses, des élèves vêtues de blanc, il entra dans cette enceinte qui, à sa prière, allait devenir un temple du Seigneur. Nous ne saurions oublier ce moment solennel, cette imposante et triple consécration.

Et lorsque les voix mâles de tout ce pieux clergé, unies à celles des religieuses et des jeune filles, entonnèrent le cantique composé pour la circonstance avec ce refrain :

« O chaste Reine,
De ce séjour
Tu seras Souveraine
Nous le jurons toujours. »

elles formèrent une puissante clameur qui dut avoir son écho dans le ciel.

Oh ! que notre chère Mère Sainte-Marie était heureuse ! Son vœu était accompli, Marie était proclamée hautement la maîtresse et la Reine de cette Maison comme elle l'était de son cœur. Avec le jour de la cinquantaine de notre vénérée Mère Stéphanie, nous n'avions pas vu de fête aussi solennelle.

Monseigneur Foulon lui-même était ému, et l'année suivante le retrouva encore le 10 août dans cette même chapelle, et tandis qu'il s'agenouillait devant la belle Madone, avec les prêtres qui l'accompagnaient, les élèves chantèrent quelques couplets pour appeler sur lui les bénédictions de la Vierge Immaculée, que lui aussi avait exaltée en la couronnant sur la montagne de Sion, et des larmes coulèrent sur le visage du saint évêque. Il alla ensuite faire la visite aux malades de la maison ; déjà notre Mère Sainte-Marie n'avait pu le suivre que des yeux, obligée de garder la chambre. Il vint la surprendre avec tous ses prêtres. La bonne Mère était sans voile, occupée à ranger quelques livres, elle avait devant elle son petit tablier de jardinage que ses anciennes enfants connaissent si bien. Grand fut son embarras, elle se mit à genoux, mais Monseigneur fut si bienveillant, comme il le fut toujours, chaque fois qu'il honora notre monastère de sa présense, qu'elle se remit, et de sa fenêtre, ils admirèrent encore ensemble sa jolie chapelle.

Il fallait une parure en rapport avec ce petit

chef d'œuvre ; le cœur de ses enfants sut y pourvoir ; les unes, même de très loin, envoyèrent de généreuses offrandes, d'autres, de celles que, dans ses dernières années, elle conduisit à Dieu, se firent une pieuse jouissance de l'orner de leurs talents : broderies, draperies crochetées, fleurs artificielles, fleurs naturelles, charmantes corbeilles, vases peints sur porcelaine, guirlandes délicates, lampe, lustre, tout fut offert, et même, depuis que cette bonne Mère nous a quittées, ne croyez pas que sa chapelle soit négligée ! L'une de ses enfants, qui nous disait : « Ah ! si je suis à Dieu, c'est bien elle qui m'y a conduite ! » est devenue la sacristine de ce petit temple ; elle orne ce sanctuaire en souvenir de sa Mère, et si bien qu'elle ne le ferait pas mieux si cette bonne Mère était là. Une autre de ses enfants, non moins reconnaissante, pourvoit à ce que rien ne manque pour faciliter la décoration.

Le premier étage est composé d'une belle et vaste salle réservée pour les réunions de l'association des Enfants de Marie et de celle des Saints Anges ; les fenêtres sont simplement garnies de grisailles.

Mais on aime à s'arrêter aussi devant le portail. La porte d'entrée en plein cintre est accompagnée de colonnettes et de pilastres avec chapiteaux à feuillages dont les fûts sont richement sculptés ; les arcs, eux aussi, sont ornés de cordelières, de dents de scie et de perles, et le gâble surmonté d'un riche ostensoir est flanqué à la base de deux pinacles en forme de tourelles, avec ornements dans la gorge des rampants. Les vantaux en bois de chêne sont garnis de pentures.

Au-dessus de l'entrée se trouve la niche de l'Apparition ; elle est en plein cintre et cantonnée de pilastres et de colonnettes revêtus de moulures et de sculptures soignées ; la statue de la Vierge, comme celle de Bernadette, est polychromée, ainsi que le rocher et le fond de la niche.

Au lieu du petit clocher avec flèche qui devrait surmonter l'édifice, mais que les fonds épuisés n'ont pas permis d'élever, se trouve une croix de Lorraine. Dès l'entrée du jardin, cette petite chapelle produit très bon effet, ainsi que la large allée fleurie qui y mène. Que de fois nous y avons vu cette bonne Mère, même dans les derniers jours d'automne ; elle et ma mère allaient ensemble prier dans ce sanctuaire béni ; puis aujourd'hui, leurs places sont vides ; les deux chaises sur lesquelles elles s'agenouillaient, sont restées là comme si elles allaient encore venir.

Mais non, c'est fini, elles sont près de Dieu ; espérons qu'elles ont vu le doux visage de la bonne Vierge Marie !

Puissent le temps et les cœurs respecter cet édifice ! Sur chacune de ces pierres on pourrait inscrire ces mots : Affection et reconnaissance. Qui oserait en ébrécher une seule !...

VIII.

Nous l'avons dit, la mort de notre si aimée Mère Stéphanie avait fait une blessure incurable au cœur de notre chère Mère Sainte-Marie ; elle en supportait la douleur avec un courage digne de sa foi et de sa vocation religieuse, mais peu à peu l'effort acheva d'ébranler sa constitution frêle et délicate ; ses traits s'altérèrent visiblement et le 22 mai 1879, elle devint si malade qu'elle faillit nous être enlevée.

C'était la fête de l'Ascension, et trois jours s'écoulèrent pour elle dans de vives douleurs, pour nous dans de pénibles angoisses. Le dimanche suivant, il y avait première communion au Pensionnat, et la fête fut bien attristée par son absence, mais les chères petites qu'elle avait préparées de longue date prièrent si bien pour leur bonne Mère malade qu'elle se trouva mieux, et quelque temps après elle reprit sa tâche au Pensionnat. Aux retraites de septembre, elle put encore fêter le retour de ses anciennes enfants, mais toutes remarquaient comme nous les ravages de la maladie.

En 1881 elle devint si faible que les médecins exigèrent un repos complet. C'est alors que notre chère Mère Sainte-Mère souffrit extrêmement de ne plus pouvoir remplir les fonctions de sa charge, de n'être bonne à rien, comme elle disait, de ne pouvoir faire le bien et causer quelque plaisir à l'une ou à l'autre de ses Mères et Sœurs, ce qui la rendait toujours si heureuse ! elle nommait son inaction une privation cruelle, et souvent ses yeux se remplissaient de larmes à la pensée de ce qu'elle appelait son inutilité. Elle accepta néanmoins ce calice avec résignation à la divine volonté et chercha près de Dieu l'aliment qui manquait à sa vie. Constamment douce et bonne, elle avait toujours quelque chose d'aimable à dire aux personnes qui la visitaient. Elle allait encore faire de courtes apparitions dans les classes et surveillait l'heure d'étude du soir ; elle aimait à se retrouver au moins pur quelques instants au milieu de cette jeunesse qu'elle avait tant aimée. Mais, le 6 décembre, elle s'y trouva mal ; on la ramena, il fallut la coucher, et le lendemain 7, elle fut saisie d'une fièvre ardente, jointe à une extrême difficulté de respirer qui la faisait tellement souffrir que cela nous brisait de la voir en si pitoyable état.

Le 8, jour de l'Immaculée Conception, elle reçut les derniers Sacrements, et nous n'espérions plus rien lorsqu'il se produisit une légère réaction qui enraya le mal, mais seulement pour prolonger la souffrance. Dieu voulait sans doute achever de purifier la victime. Elle souffrit pendant quatre mois, reduite à un état auquel nous ne pouvons songer ; ses membres tout enflés ne lui permettaient pas un pas sans être soutenue ou portée ; la respiration gênée, une faiblesse excessive, un dégoût pour toute nourriture, peu ou point de sommeil qu'on n'obtenait qu'à l'aide de potions qui la laissaient souvent des journées entières sans qu'elle donnât signe de vie.

Chaque semaine, Notre-Seigneur venait consoler la bonne Mère et la soutenir dans ce martyre de chaque instant. On lui dressait un petit autel orné comme celui de sa chapelle, alors elle se ranimait, elle souriait. Lorsque le mal l'accablait, nous l'entendions bien souvent répéter : « Je veux ce que le bon Dieu veut ; tout comme il voudra. »

Mais, c'est Marie qui la soutenait ; elle voulait toujours avoir son image sous les yeux. C'était N.-D. de Lourdes, N.-D. du Sacré-Cœur qu'elle baisait tour à tour avec confiance et piété. Son chapelet ne la quittait pas, elle le serrait dans ses mains avec une extrême dévotion.

Quelquefois les douleurs étaient si aiguës qu'elles absorbaient entièrement le peu de forces qui lui restaient.

Combien notre bonne Sœur Marthe fut assidue près de la chère malade ! elle ne la quitta ni le jour, ni la nuit, l'entoura des meilleurs soins. Aussi, lui en savait-elle gré et la remerciait-elle avec effusion, ce qu'elle faisait aussi pour toutes les Sœurs qui la veillaient.

Que de témoignages d'affection lui arrivèrent de la part de ses anciennes enfants pendant sa maladie ! elle en était toute réjouie ; nous lui lisions ces lettres où chacune exprimait ses regrets. Malgré sa souffrance, elle écoutait avec plaisir, prenait intérêt au moindre détail qui concernait le bonheur des familles, et le 29 mars, veille de sa mort, une heure encore avant qu'elle fût saisie d'une dernière congestion au cœur, elle nous avait demandé des nouvelles de quelques-unes.

Huit jours avant sa mort, l'une de ses chères enfants voulut encore lui offrir des vases qu'elle venait de peindre pour sa chapelle, et vint exprès de Nancy pour les lui apporter ; on les plaça tout près d'elle ; oh ! quelle expression de joie animait son regard ! « Portez-les à la Sainte Vierge, dit-elle tout de suite, et dites bien à la chère enfant qui me les envoie que Marie la bénira, et que moi je ne l'oublierai pas, je prierai pour elle, pour tous les siens. »

Tout le temps que dura sa maladie, sa plus délicieuse distraction était de considérer le petit édifice ; elle faisait placer son fauteuil de manière à toujours l'apercevoir ; elle exprima le désir de revoir ce cher sanctuaire ; on la porta aux pieds de cette belle Madone qu'elle voulait revoir. Sœur Thérèse de Jésus l'avait ornée de sa plus riche parure ; humble et modeste, la bonne Mère ne se douta pas que c'était pour fêter sa visite et demanda pour quel saint on l'avait si bien décorée.

Hélas ! le soir du 29 mars, elle fut saisie d'une forte congestion ; il n'y avait plus d'espoir. Elle put encore comprendre Monsieur notre Aumônier qui la confessa, lui donna une dernière absolution ; elle avait communié le jour de Pâques, et il ne lui était plus possible d'avaler la Sainte Hostie.

Que son agonie fut douloureuse !... elle ne put parler ; son regard seul fixé sur nous et une toux continuelle faisaient voir qu'elle vivait encore. Nous étions là, tout près d'elle, récitant le rosaire, et nous ne pouvions la soulager ! Elle étouffait péniblement, et lorsque nous croyons que plus calme, elle allait un peu dormir, c'était fini !... son cœur si bon, si sensible, si aimant, avait cessé de battre !...

O mon Dieu, devons-nous dire, vous l'avez voulu! Ah ! nous l'avouons, nous n'avons pas encore eu le courage d'achever la sublime parole de Job !...

Dès que la triste nouvelle se fut répandue à Nancy et dans les environs, de toutes parts on y répondit par une générale et cordiale sympathie, et pour le service, notre chapelle extérieure vit accourir pour rendre à la chère défunte les derniers devoirs toutes celles de ses enfants auxquelles la distance rendait cette pieuse démarche possible, et notre sacristain eut mal au cœur de ne pouvoir les laisser pénétrer dans la clôture avec les prêtres qu'elles avaient suivis pour accompagner jusqu'à sa dernière demeure les restes de cette Mère bien-aimée.

IX.

Priez pour nous, priez pour elle, nos Révérendes et bonnes Mères ; vous l'avez fait depuis longtemps, mais priez encore ; quelque pure que l'on soit, si droite que soit une âme, la sainteté de Dieu est si grande !

Priez pour elle, chères anciennes enfants, c'est votre Mère ; sa tâche était difficile, elle impliquait une immense responsabilité. Dès qu'il s'agit du salut des âmes, la question est si sérieuse !

Vous le faites, j'en suis sûre, vos lettres nous ont dit vos regrets ; les couronnes que vous avez envoyées, ou que vous êtes venues vous-mêmes déposer sur sa tombe nous ont assurées de votre pieuse et filiale gratitude, mais que votre prière la suive au saint autel, et que ses cendres en soient consolées !

Priez aussi, mes Révérendes Mères, et vous toutes dans le monde, bien-aimées élèves, pour celle qui la remplace, que Dieu la bénisse et la soutienne ; les temps sont mauvais, la jeunesse n'en subit que trop les fâcheuses influences, il devient chaque jour plus difficile de la conduire à Dieu. Et pourtant, plus la mission est pénible, plus elle est nécessaire !

Notre chère Mère Sainte-Marie repose jusqu'au jour du grand réveil auprès de notre chère Mère Stéphanie, un même cyprès les couvre de son ombre. Chaque jour nous visitons ce tertre funèbre ; venez toutes si vous le pouvez, encore une fois au moins dans votre vie, vous agenouiller devant cette humble croix de bois ; que de souvenirs elle vous rappellera !

Entrez ensuite dans sa chapelle, et les deux Anges qui naguère souriaient et laissaient tomber des guirlandes de fleurs vous présenteront une blanche couronne au milieu de laquelle on lit : 30 mars 1883 ! D'autres couronnes sont appendues au mur, sincère témoignage d'affection.

La mort ne saurait livrer sa mémoire à l'oubli ; nous la gardons bien chère dans notre cœur, avec le souvenir de ses vertus !

Bar. — Veuve Numa Rolin Chuquet et Cie

www.ingramcontent.com/pod-product-compliance
Ingram Content Group UK Ltd.
Pitfield, Milton Keynes, MK11 3LW, UK
UKHW012056240726
13965UKWH00004B/1322